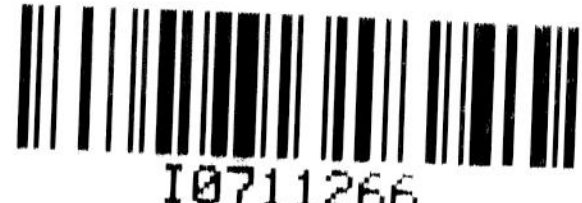

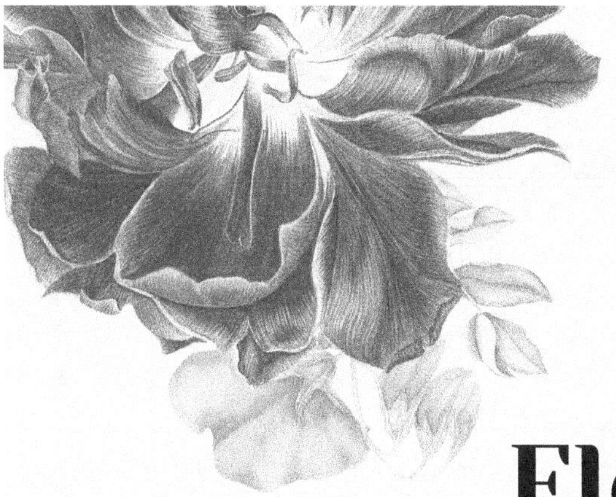

Flores
Y
Amor

Libro Para Colorear Facilmente Para Adultos

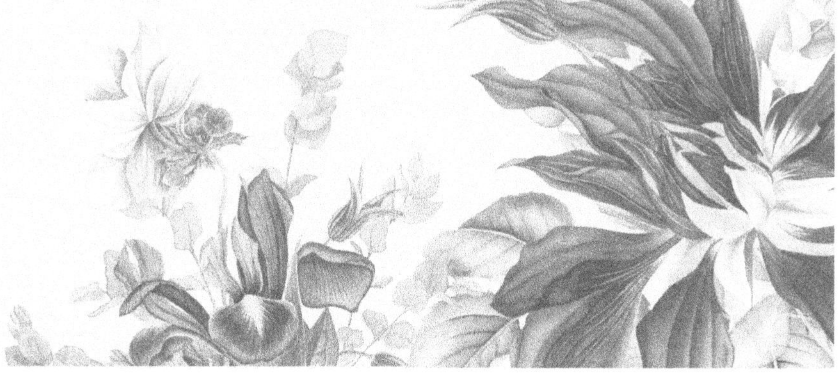

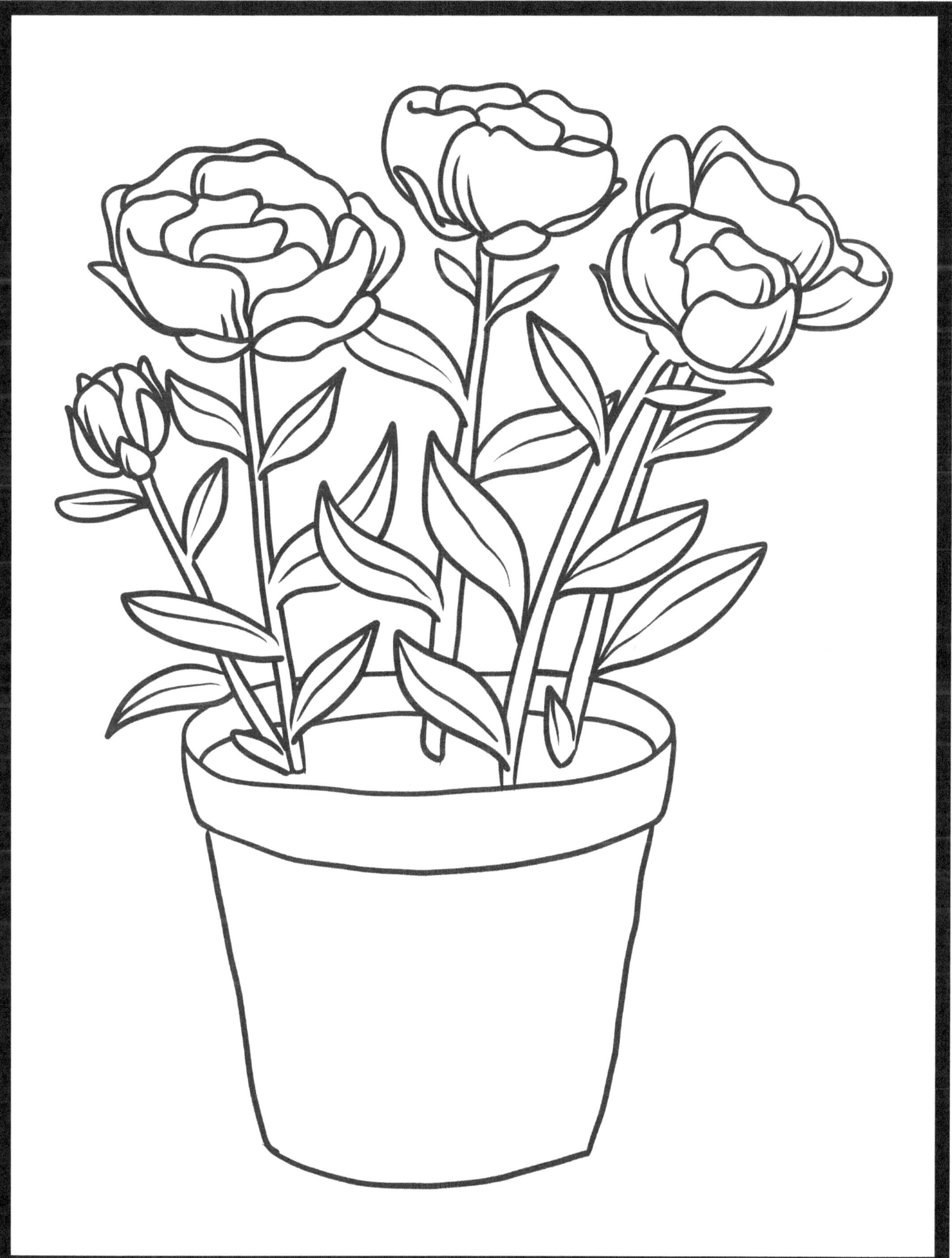

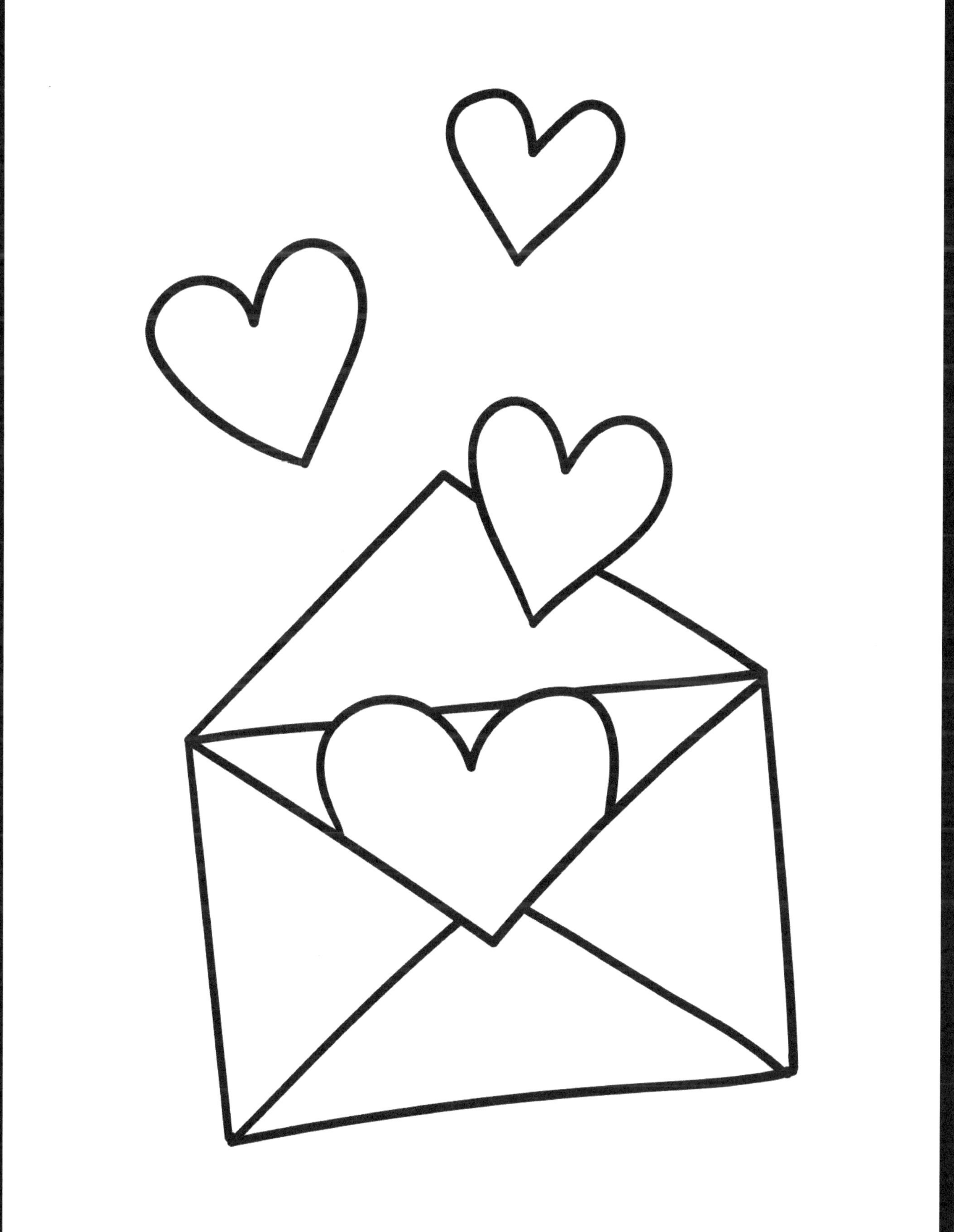

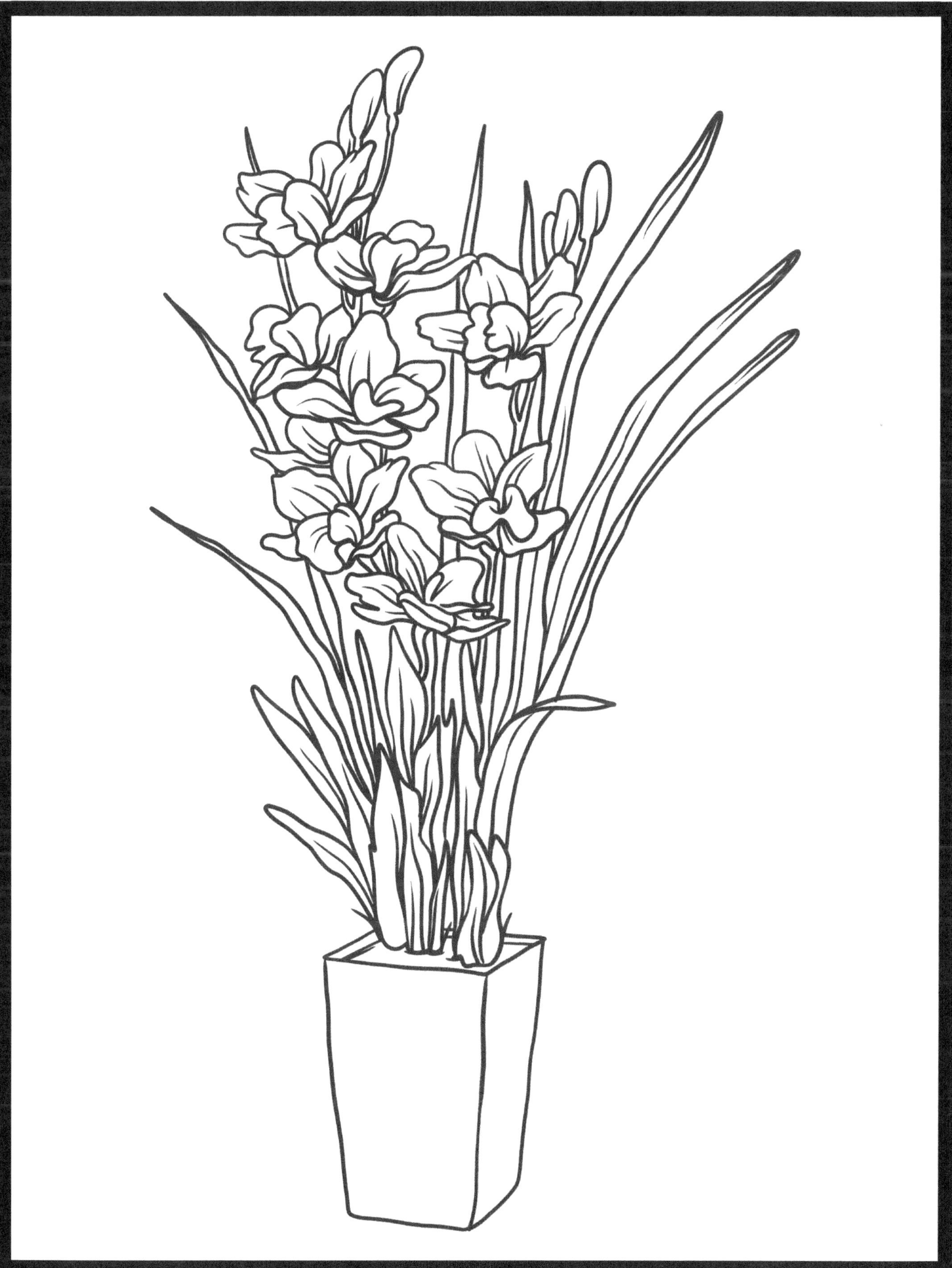

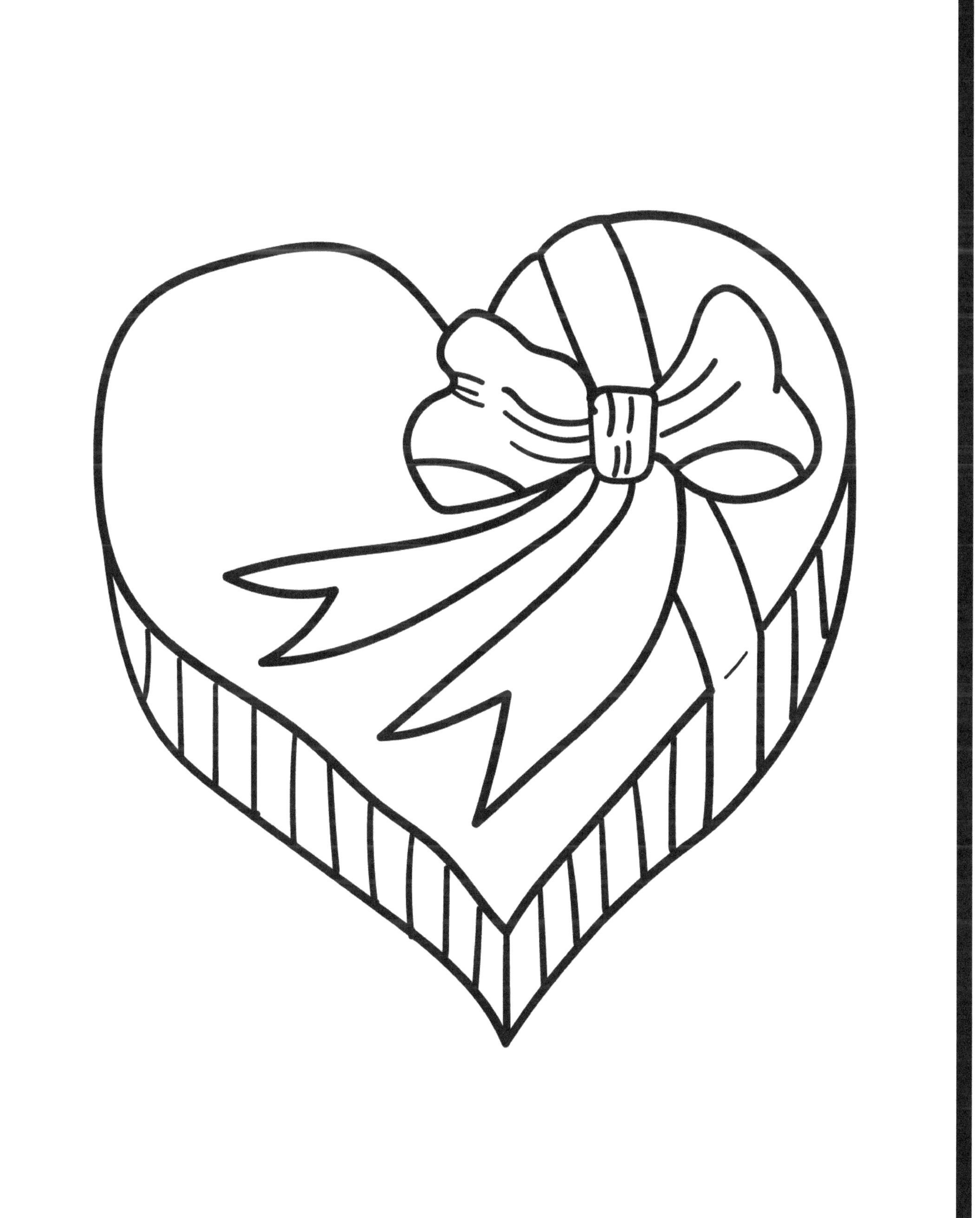

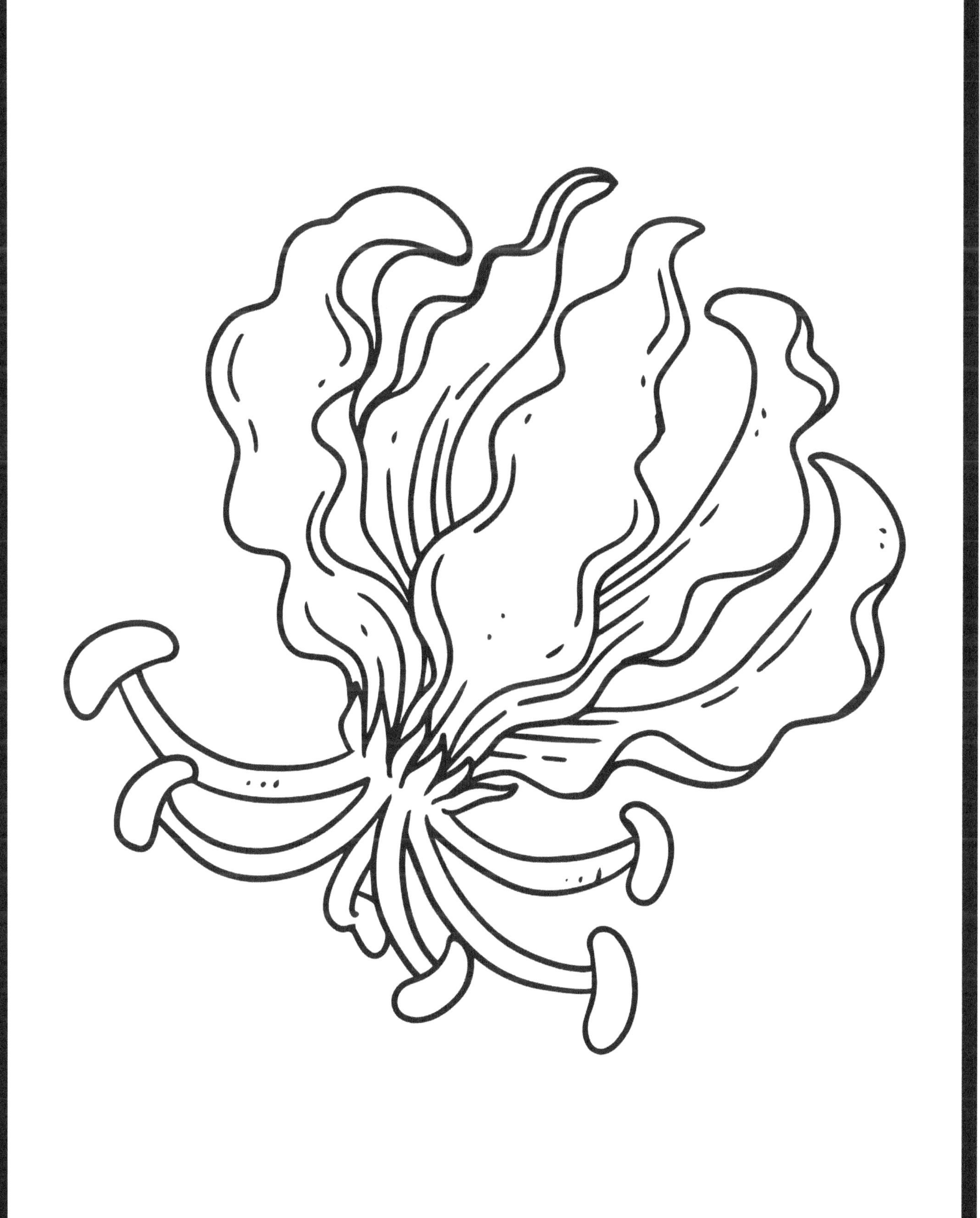

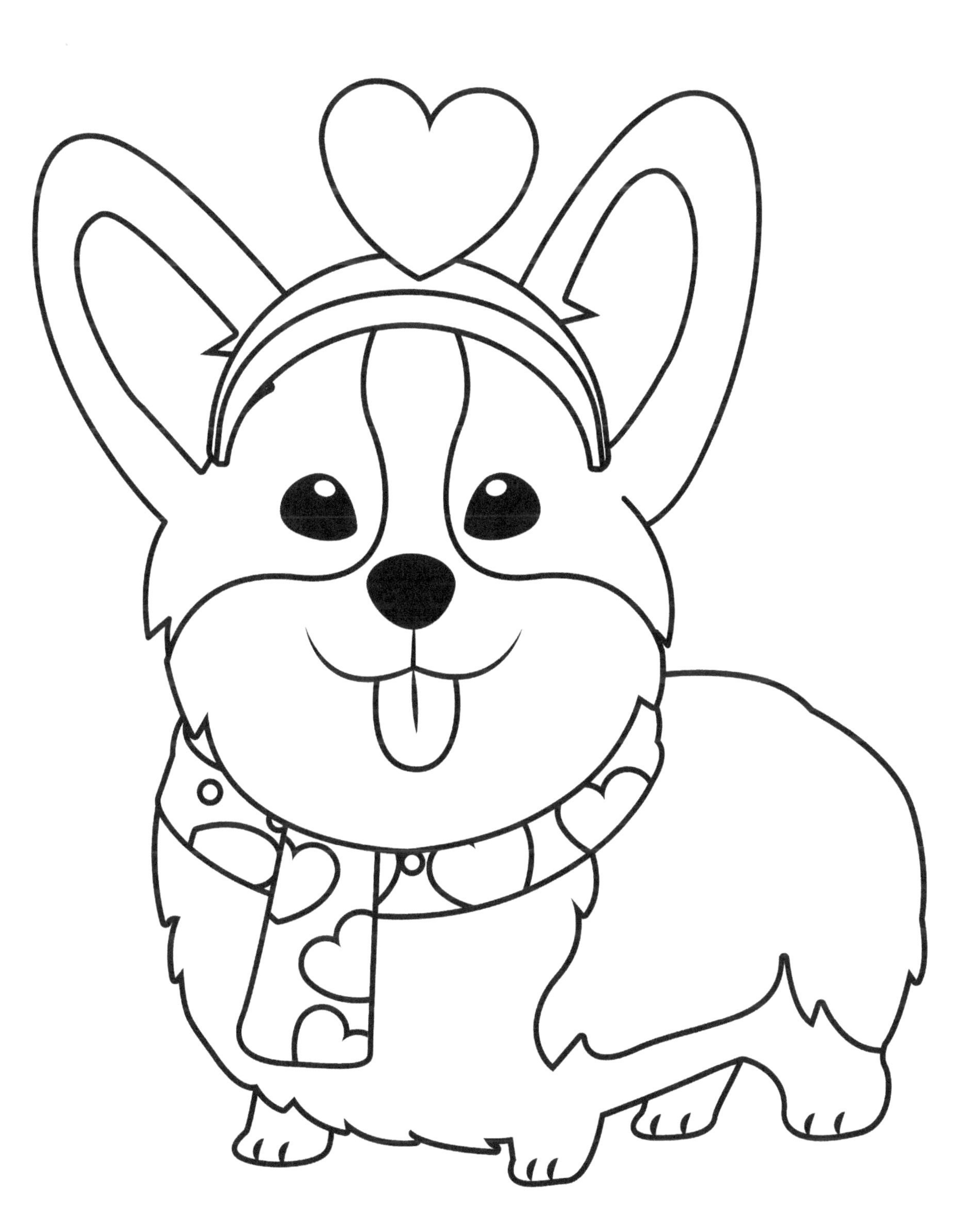

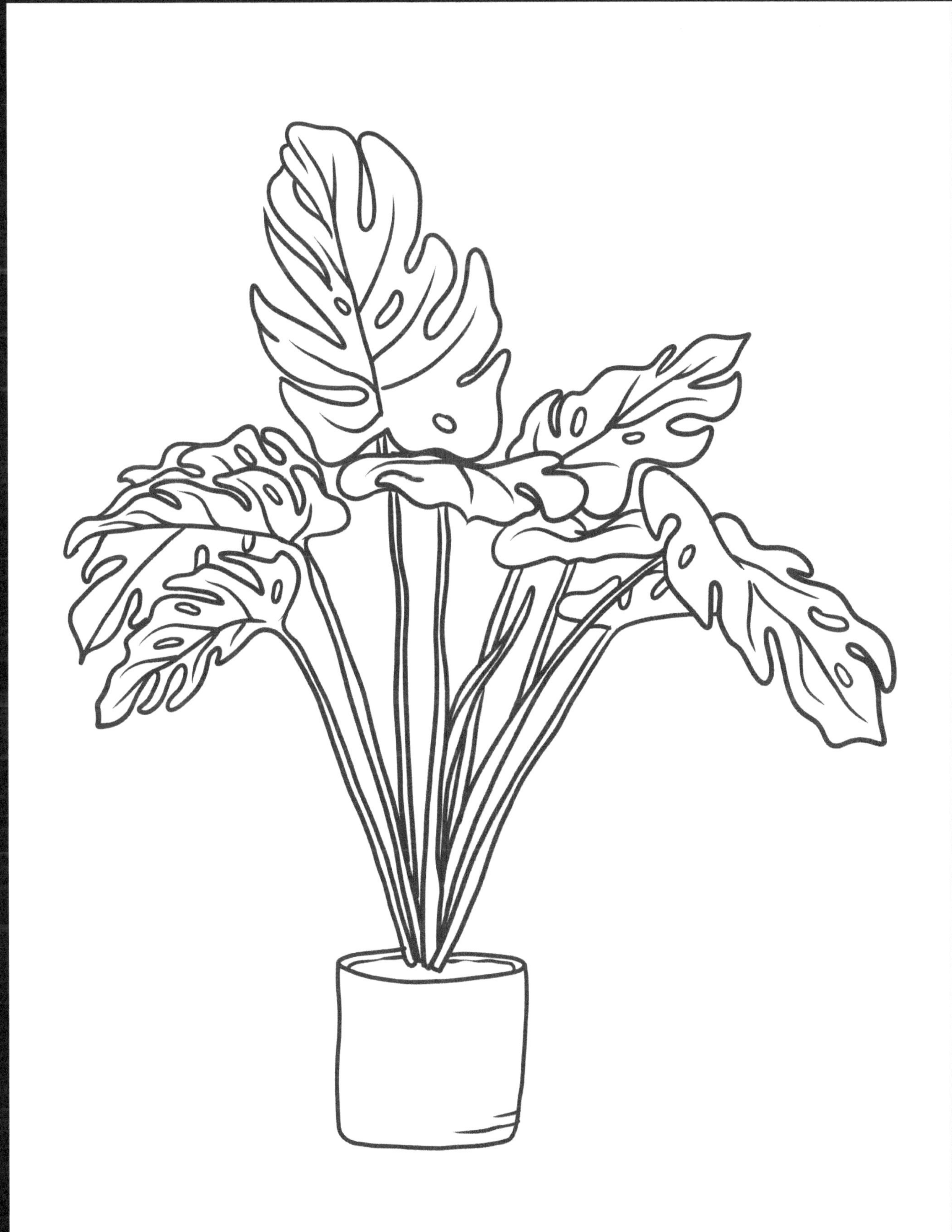

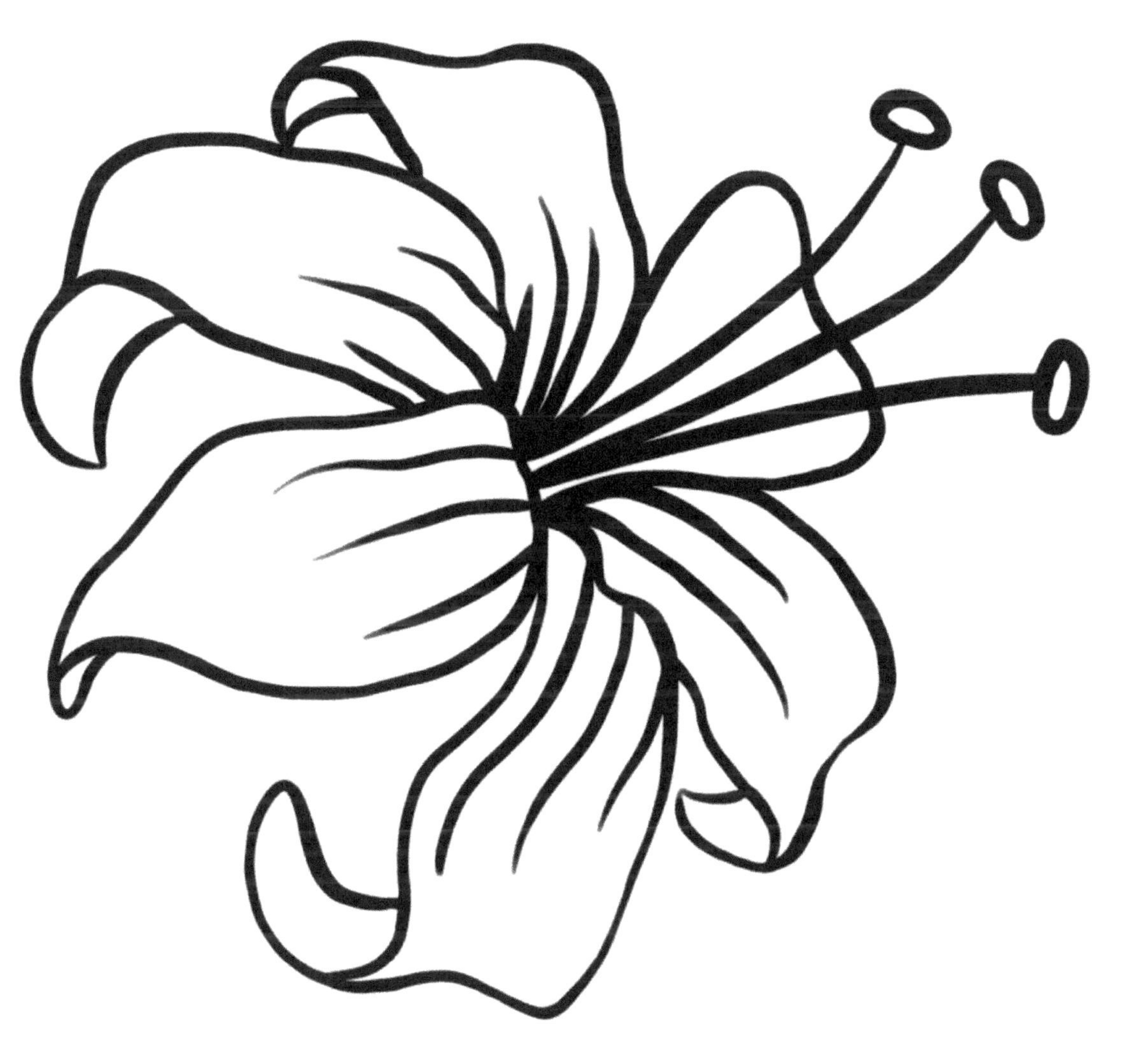

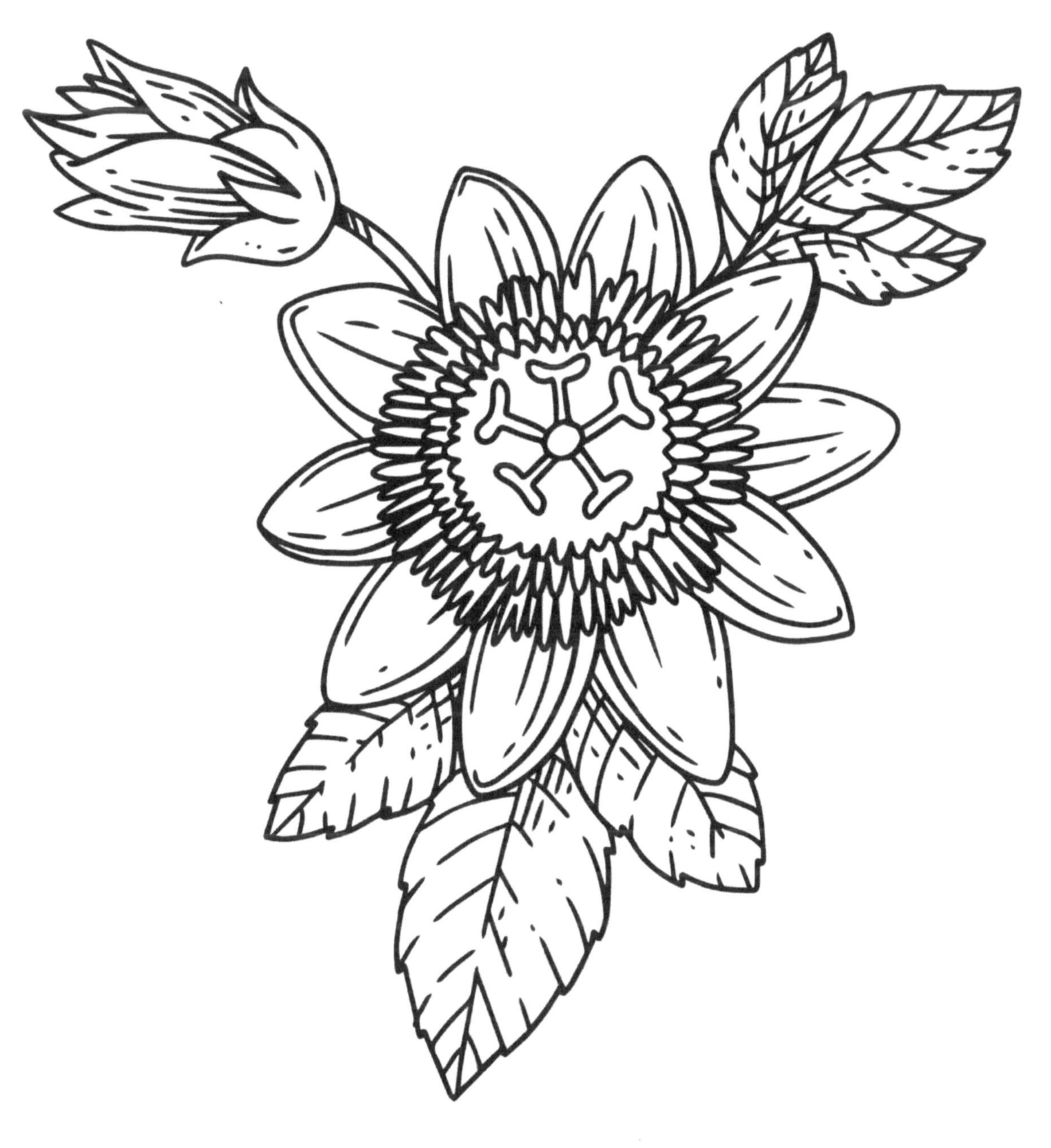

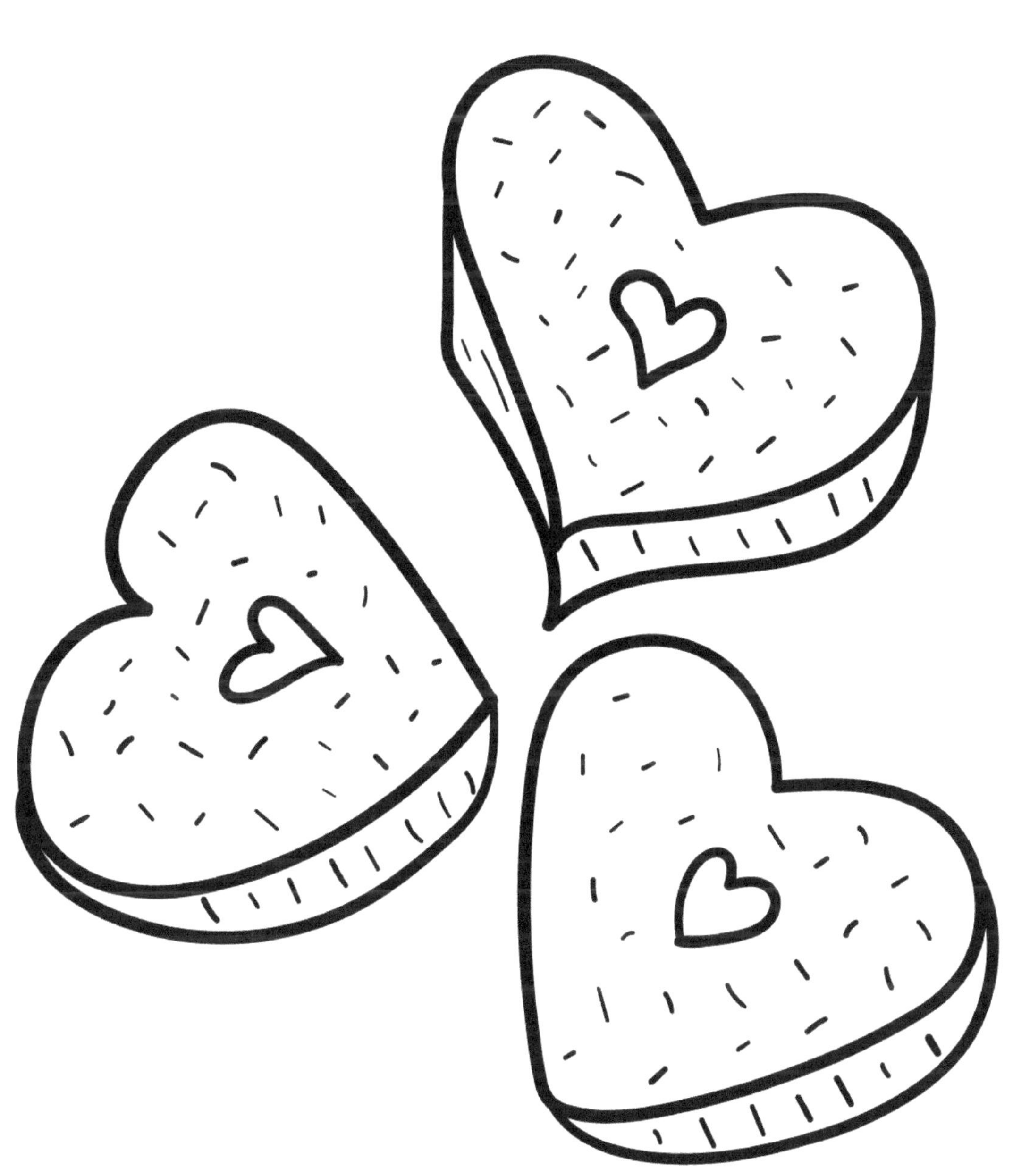

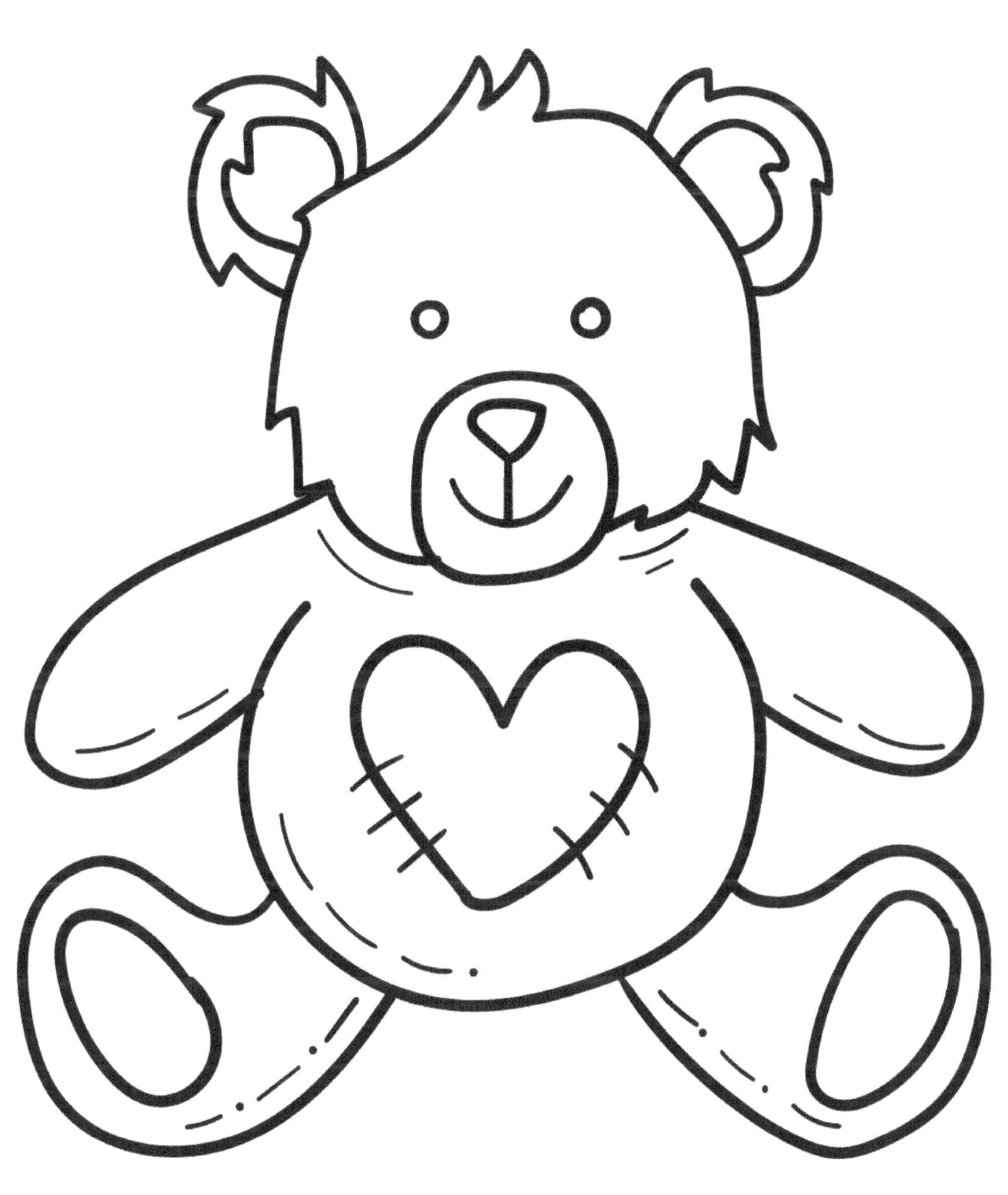

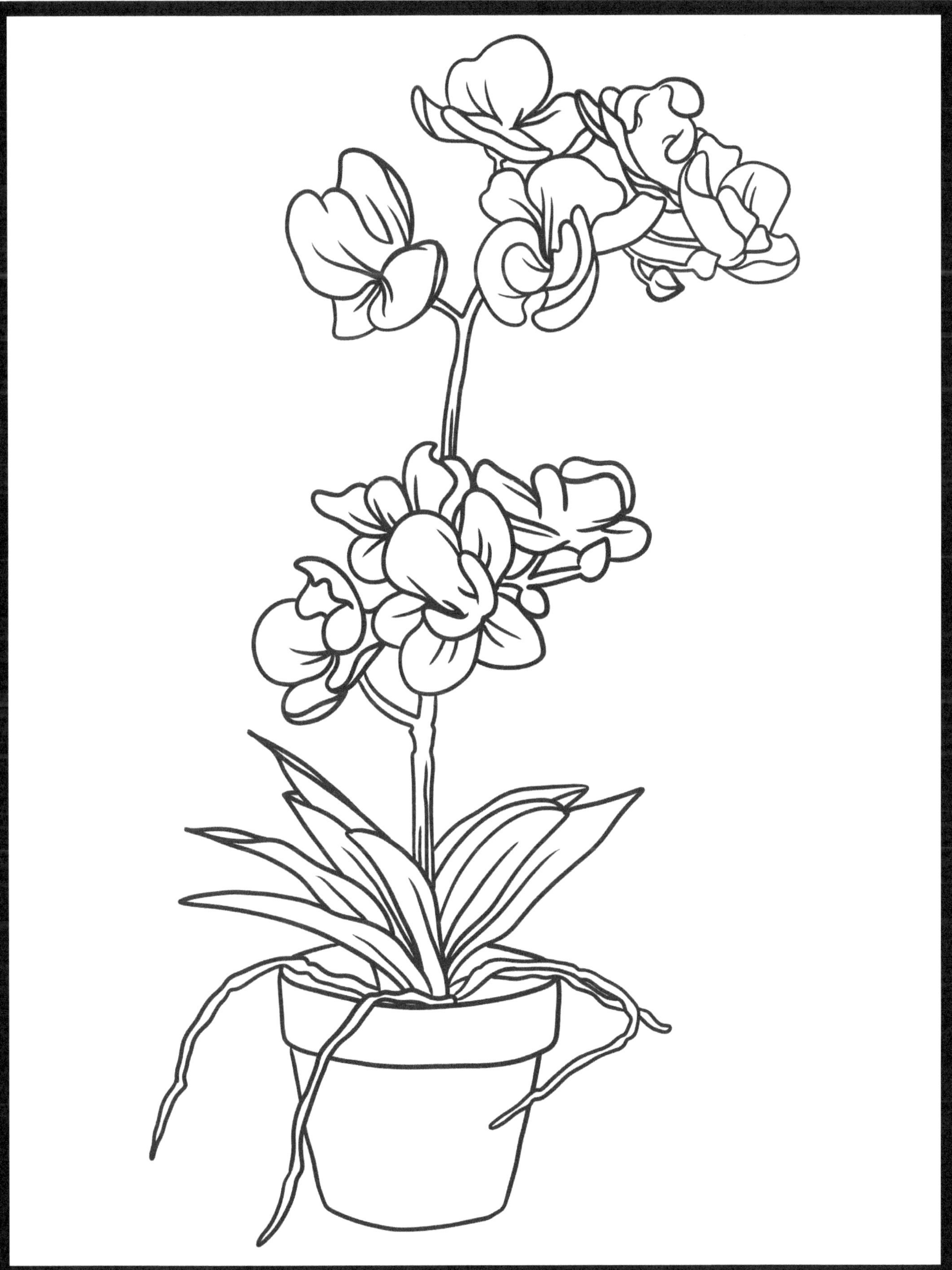

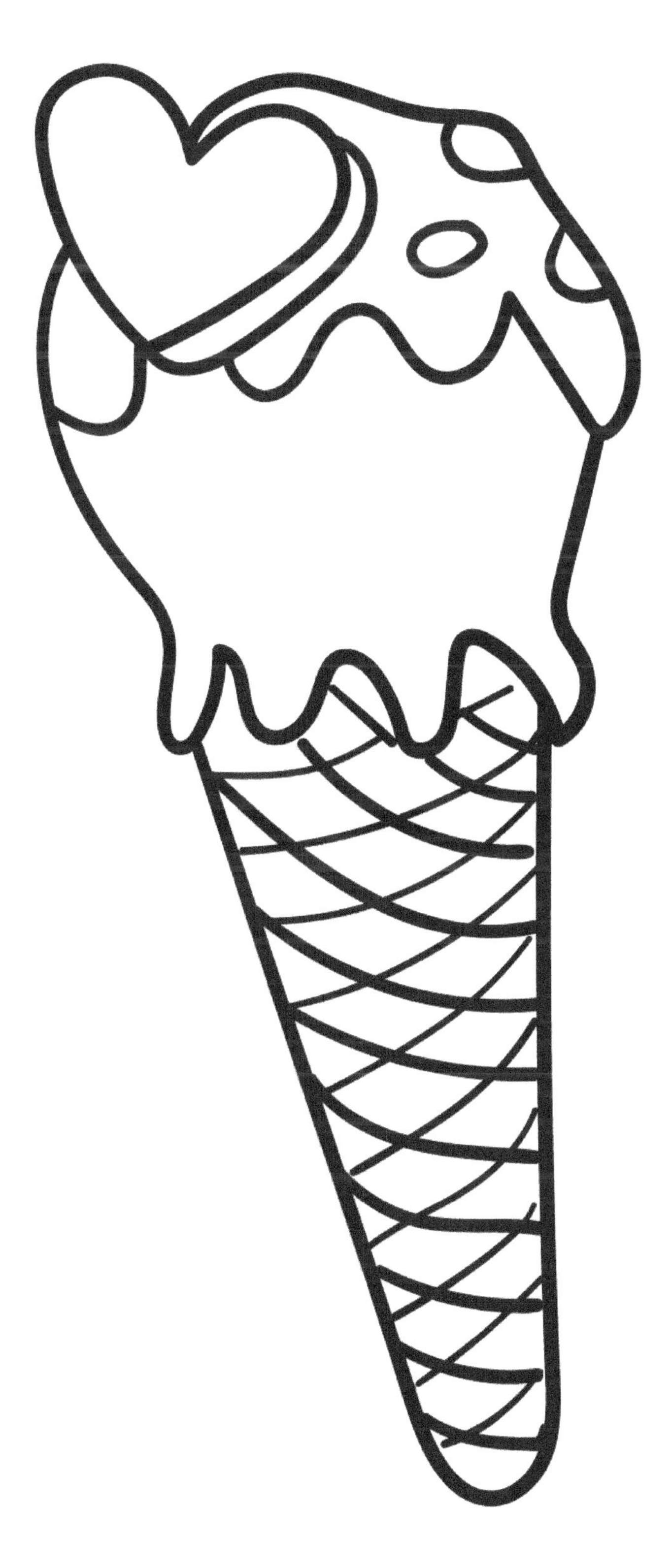

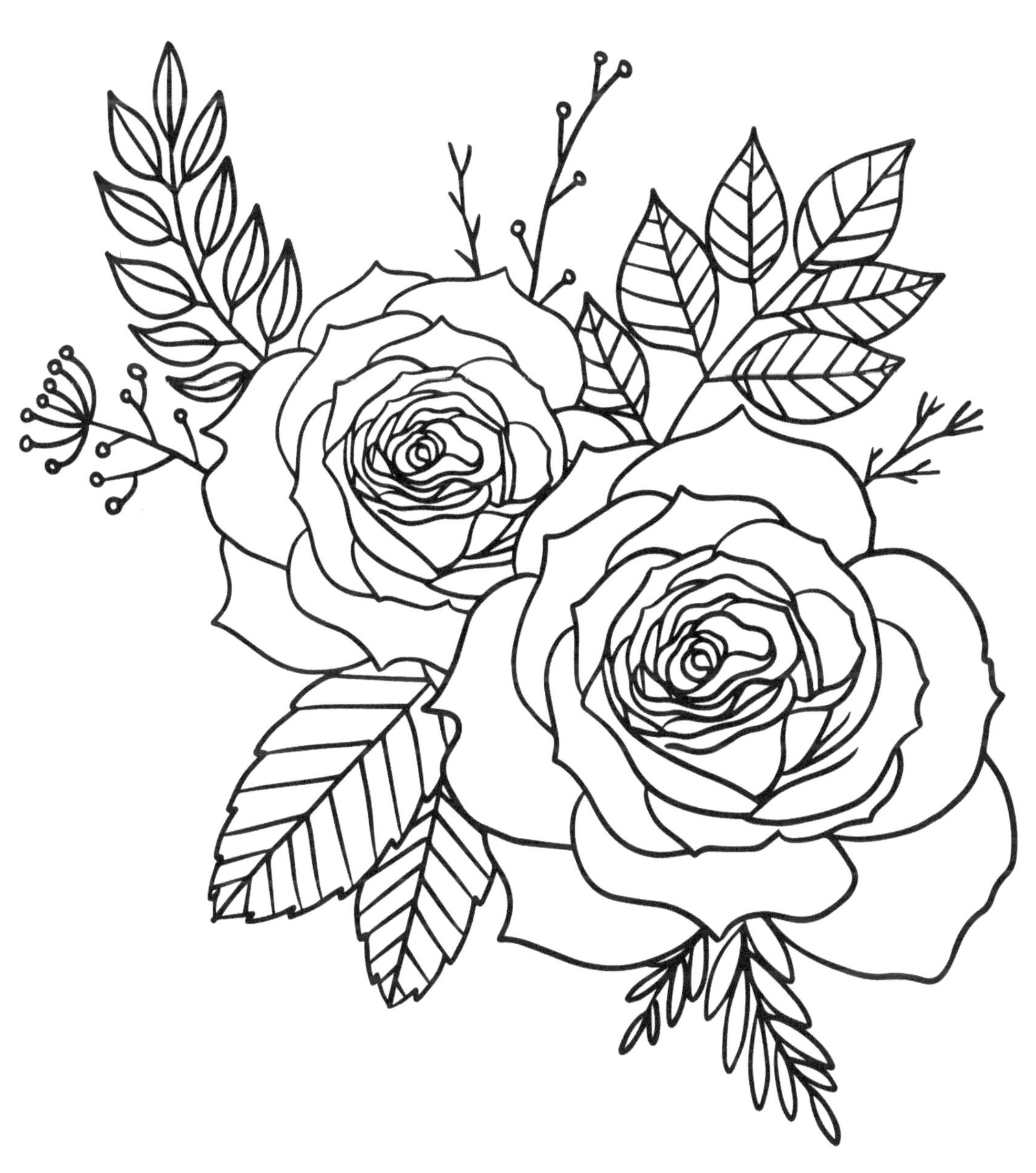

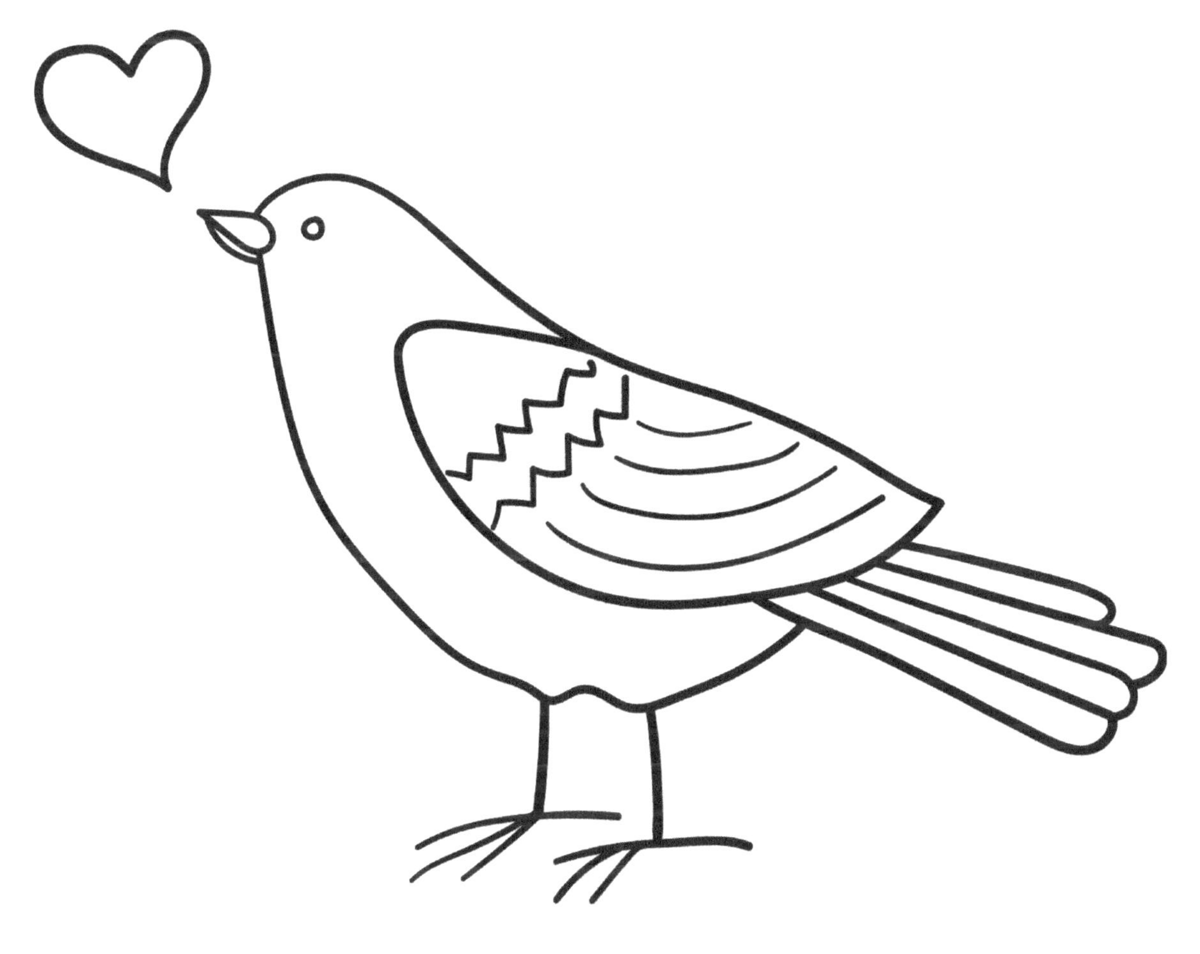

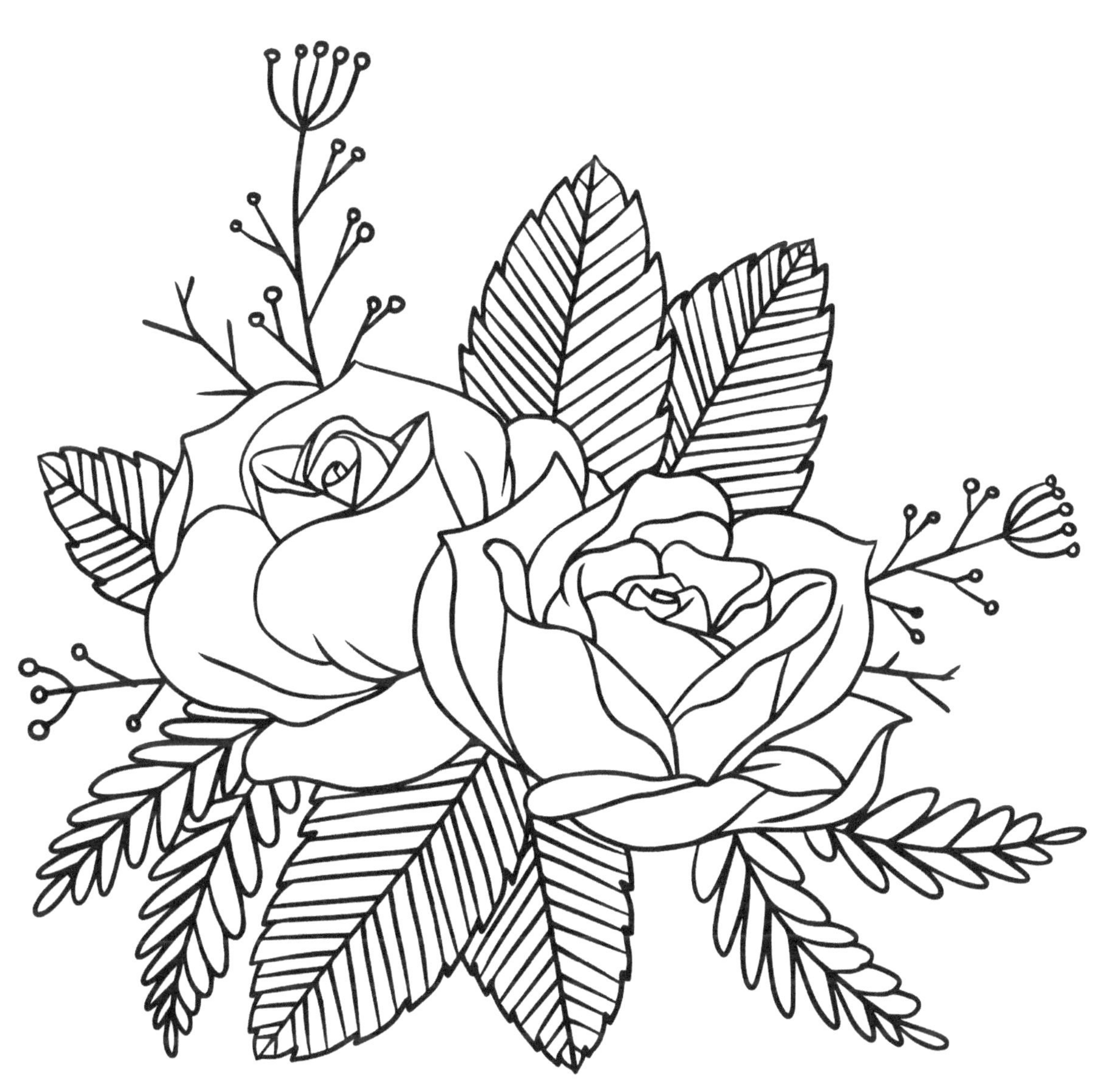

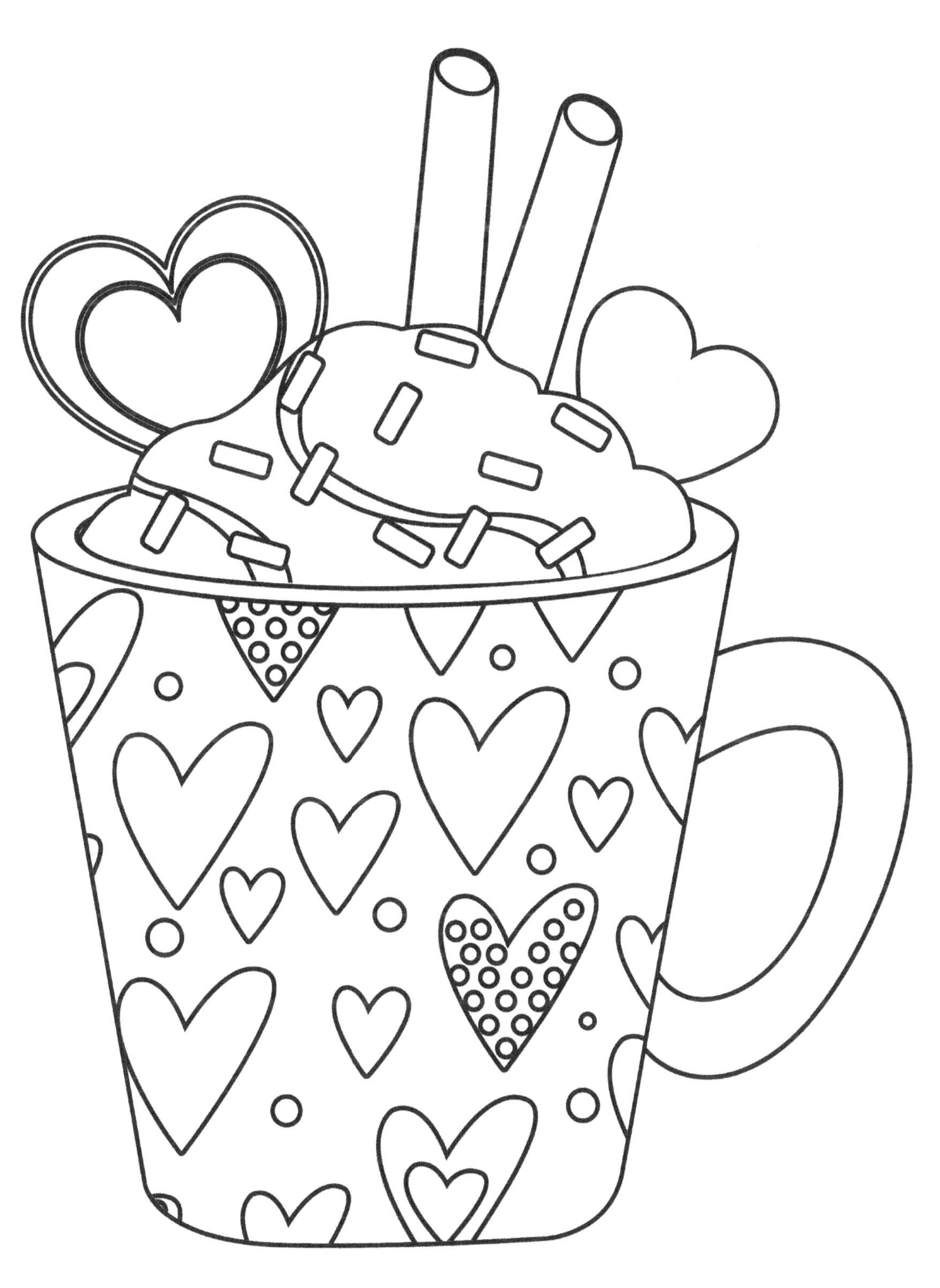

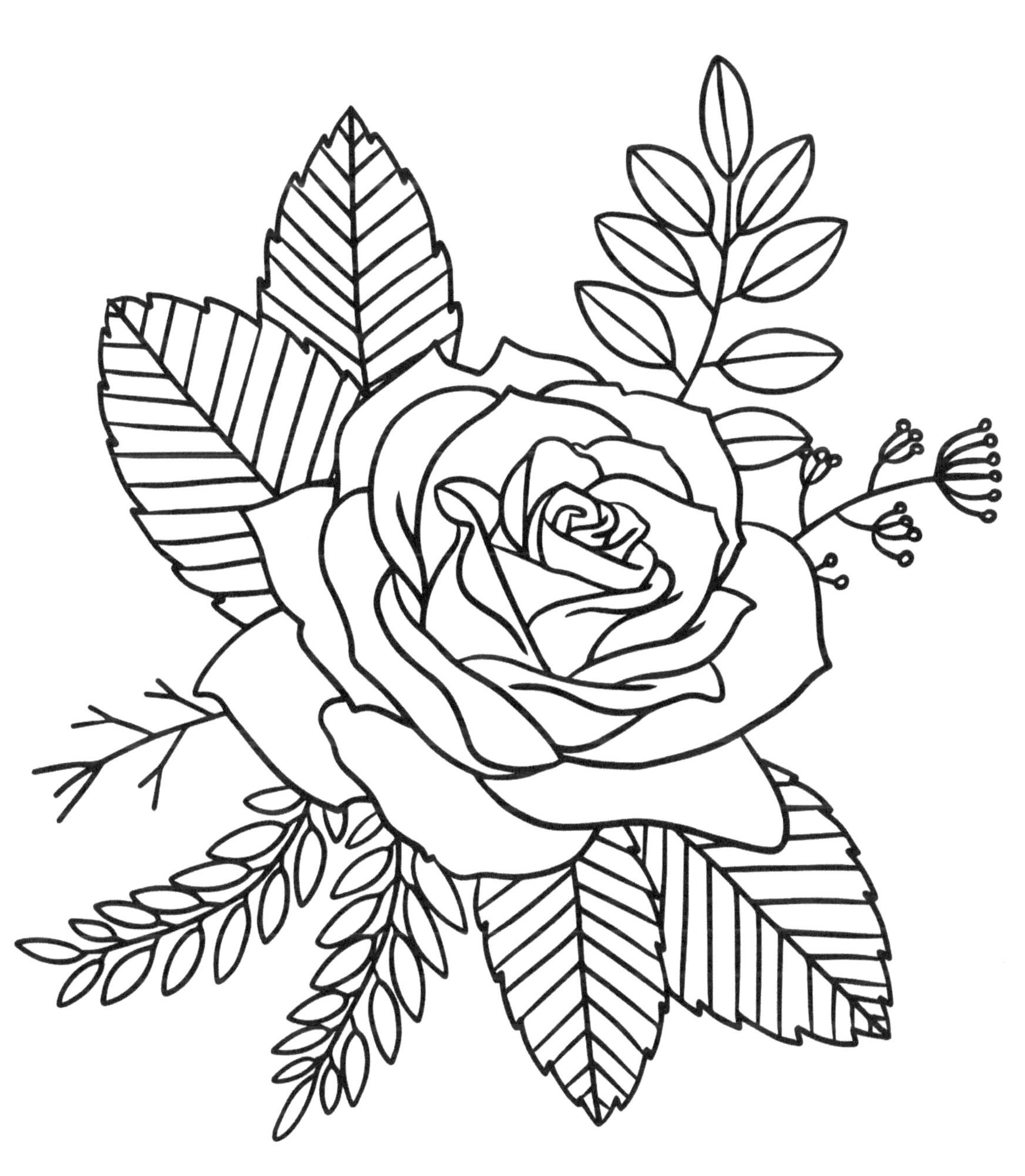

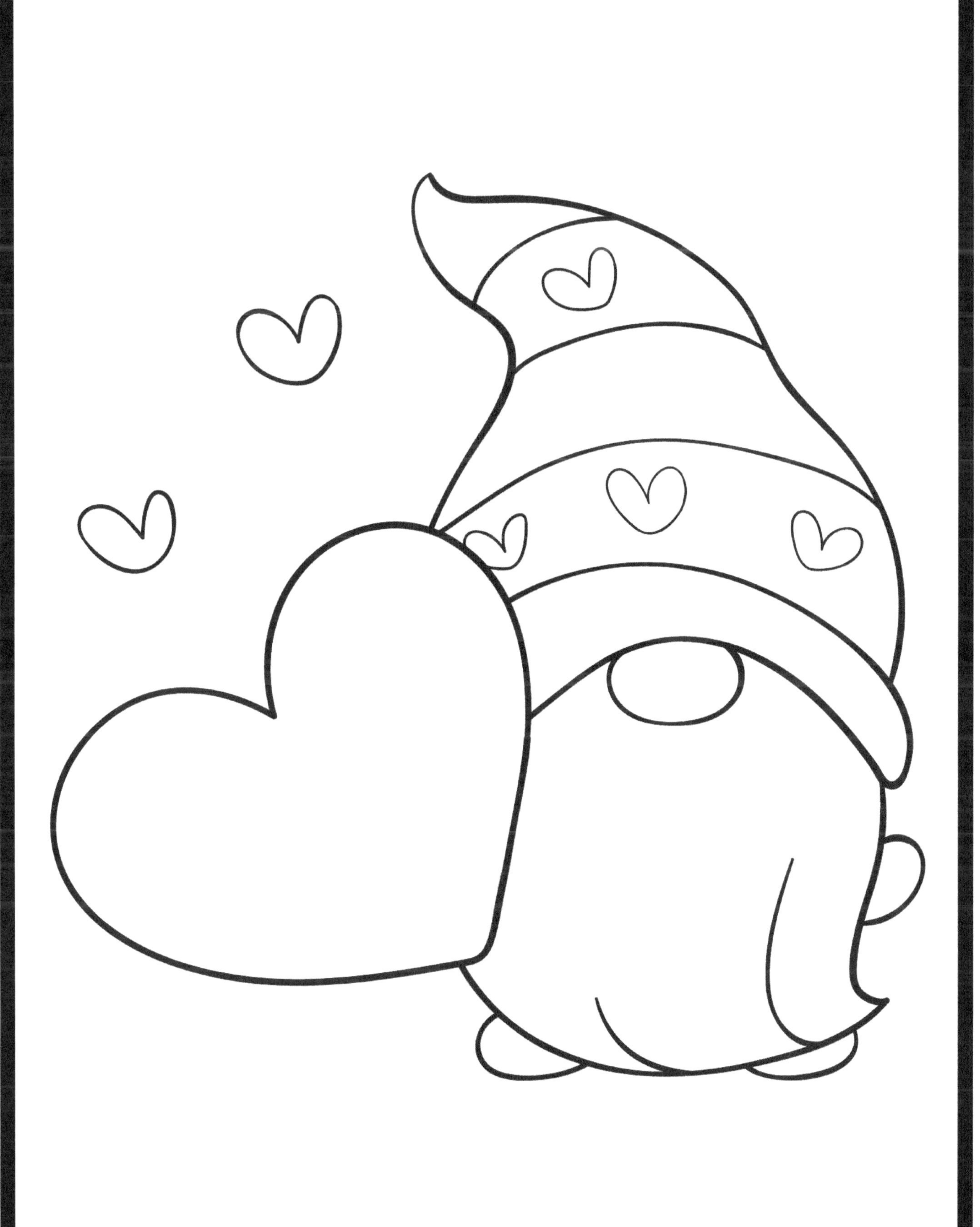

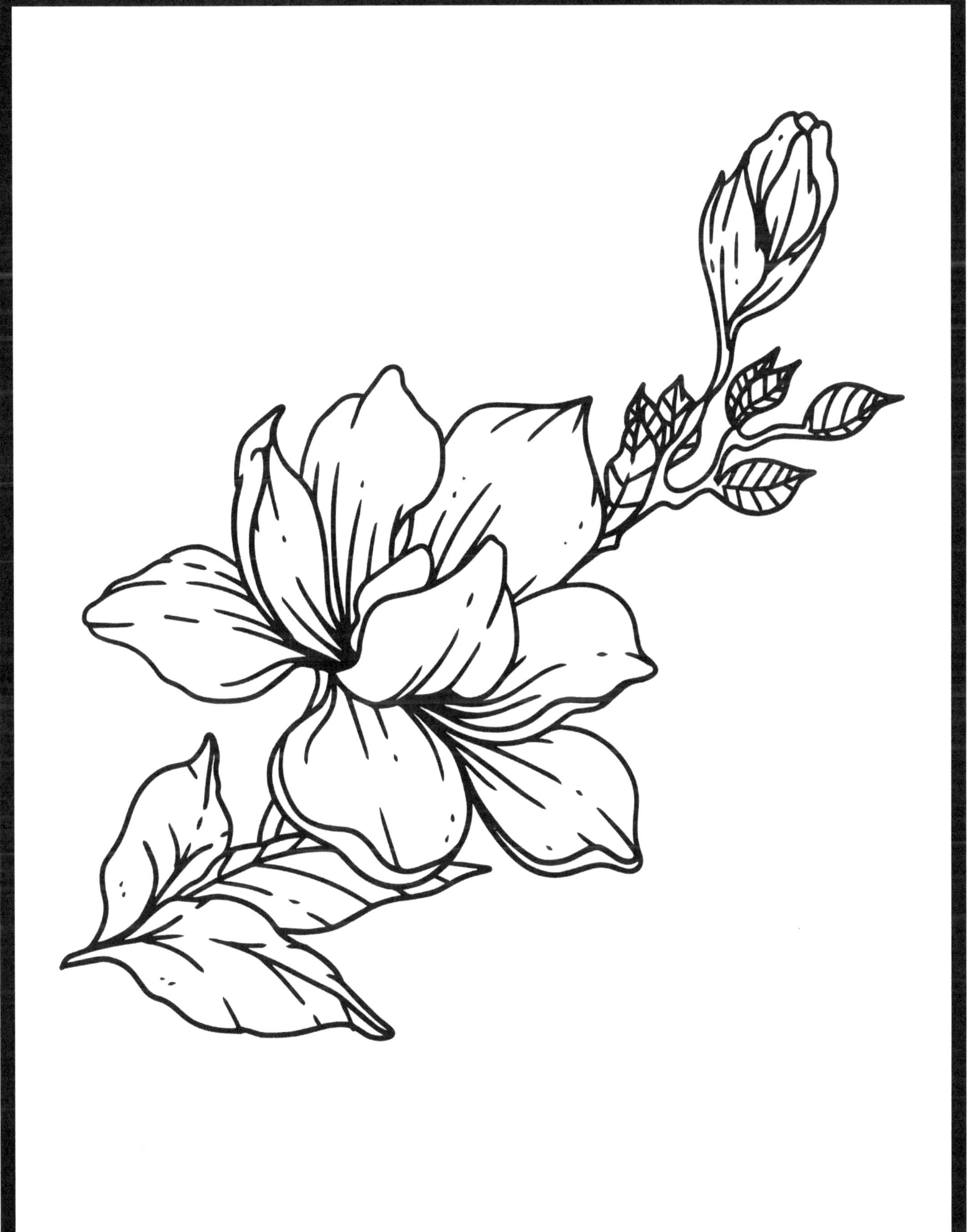

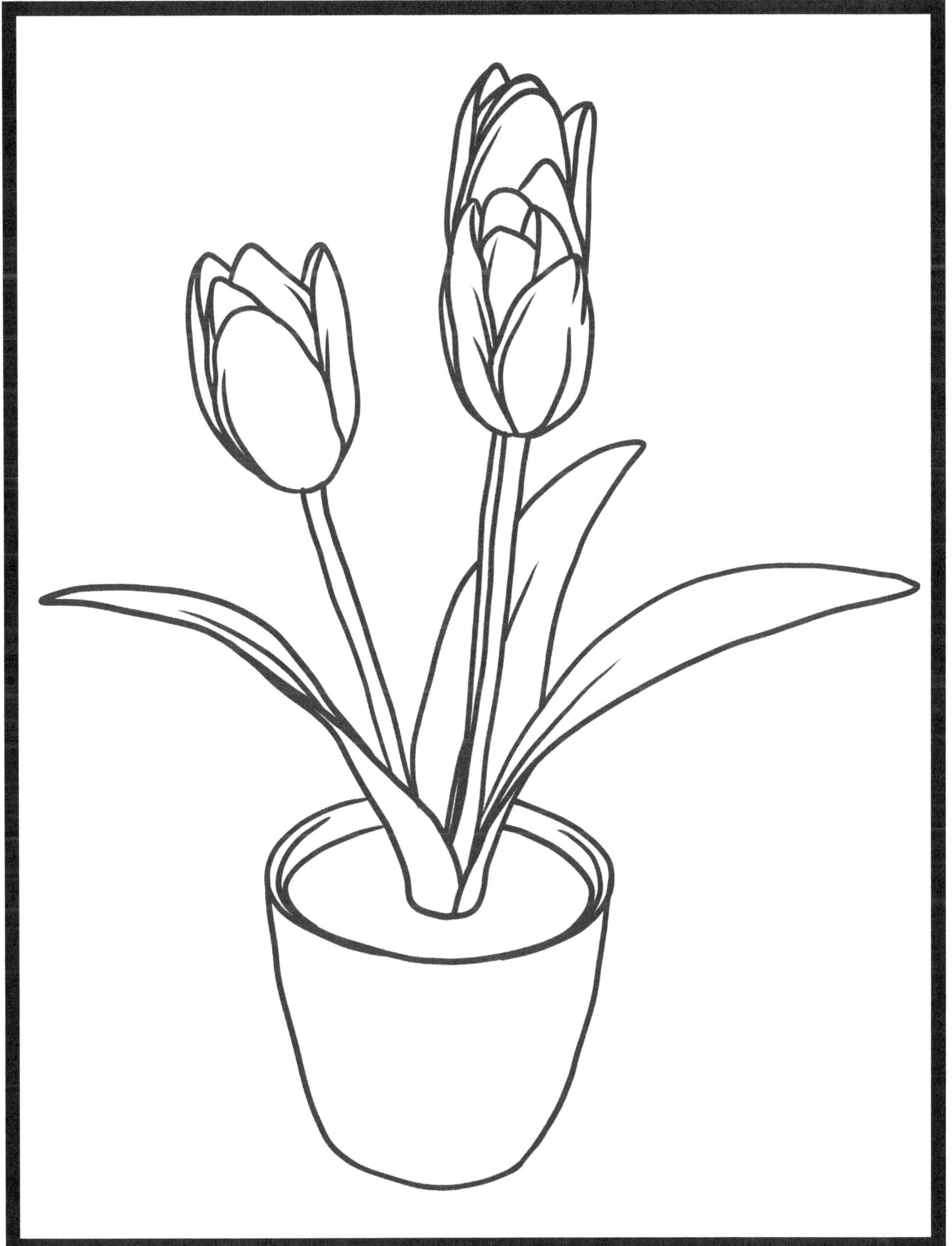

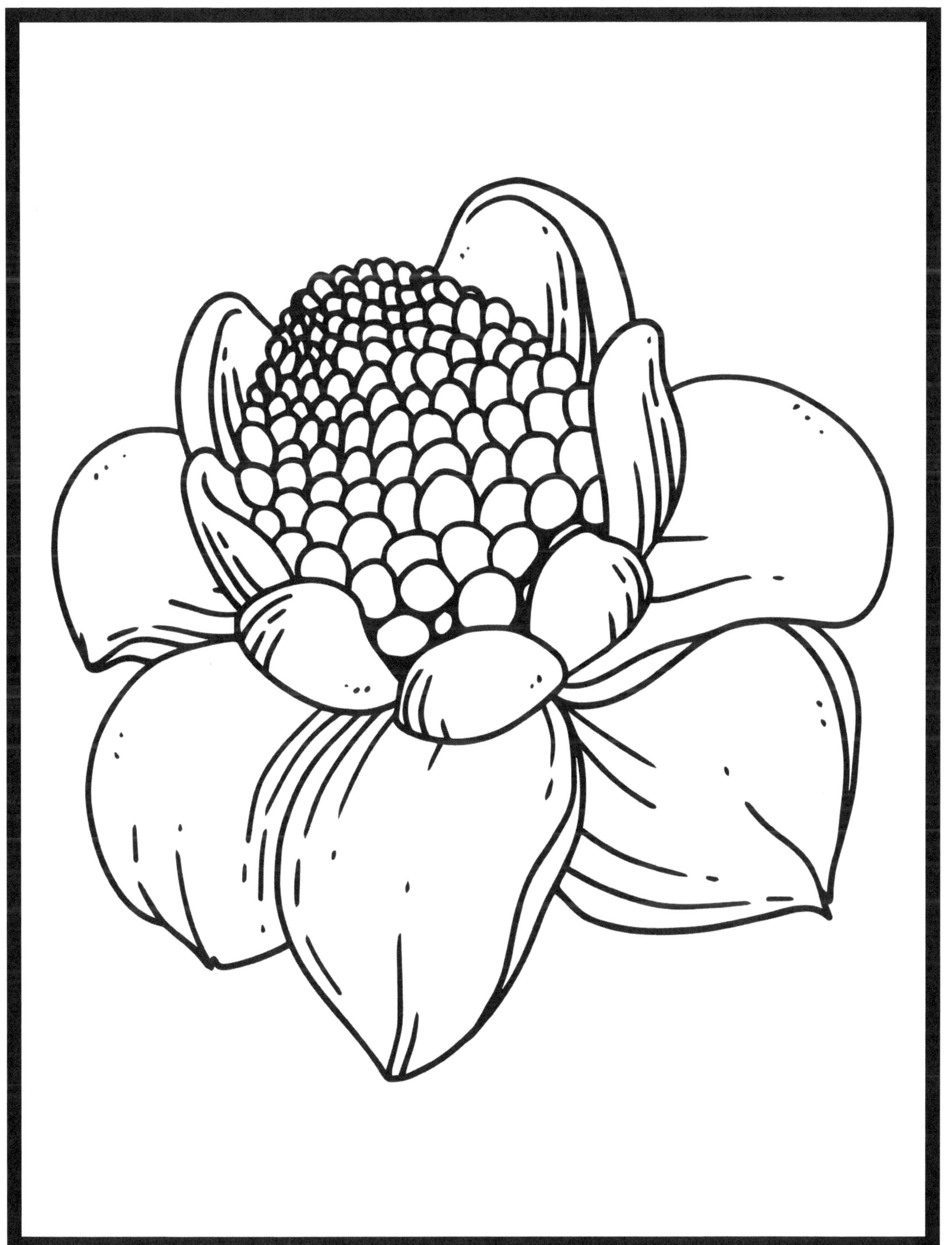

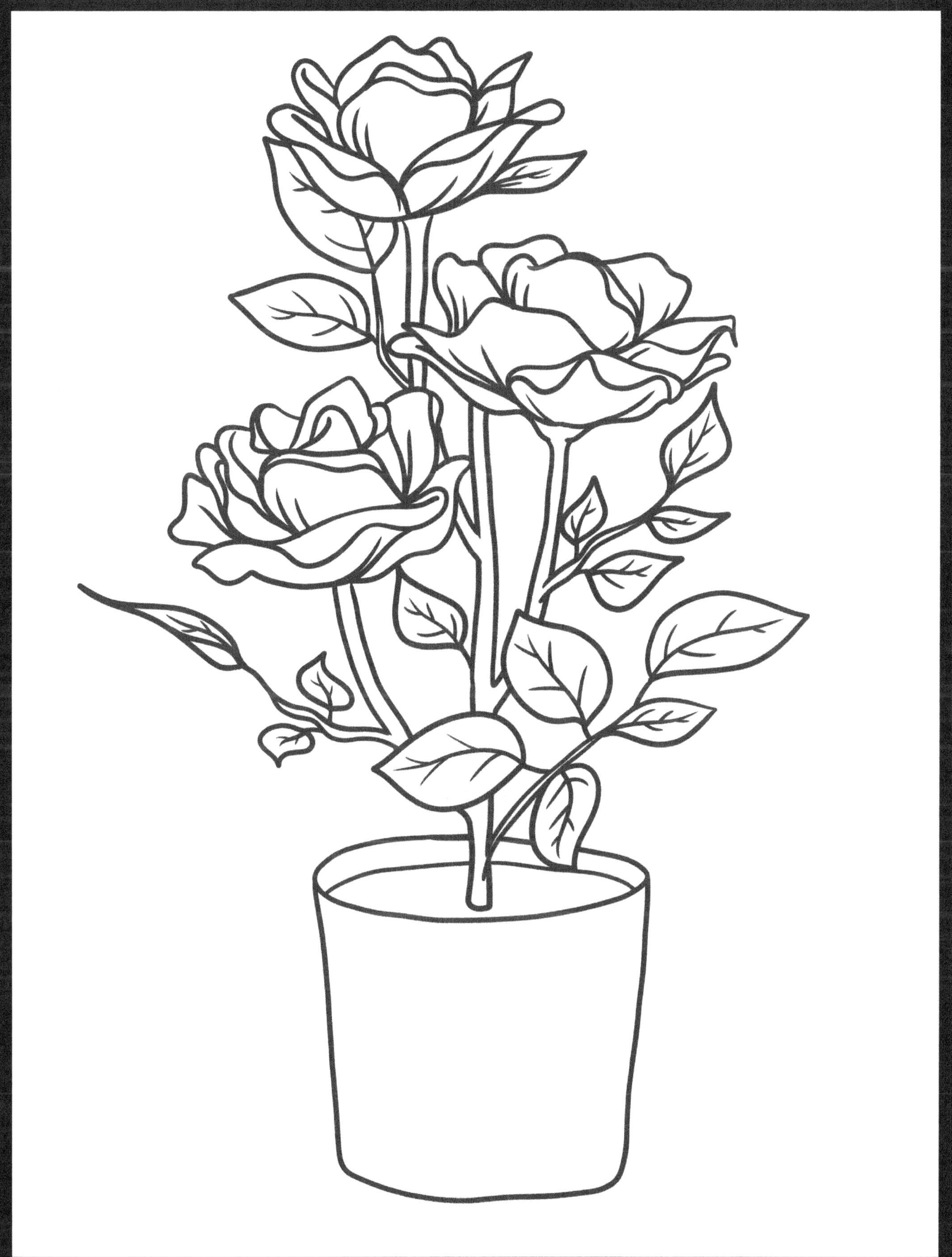

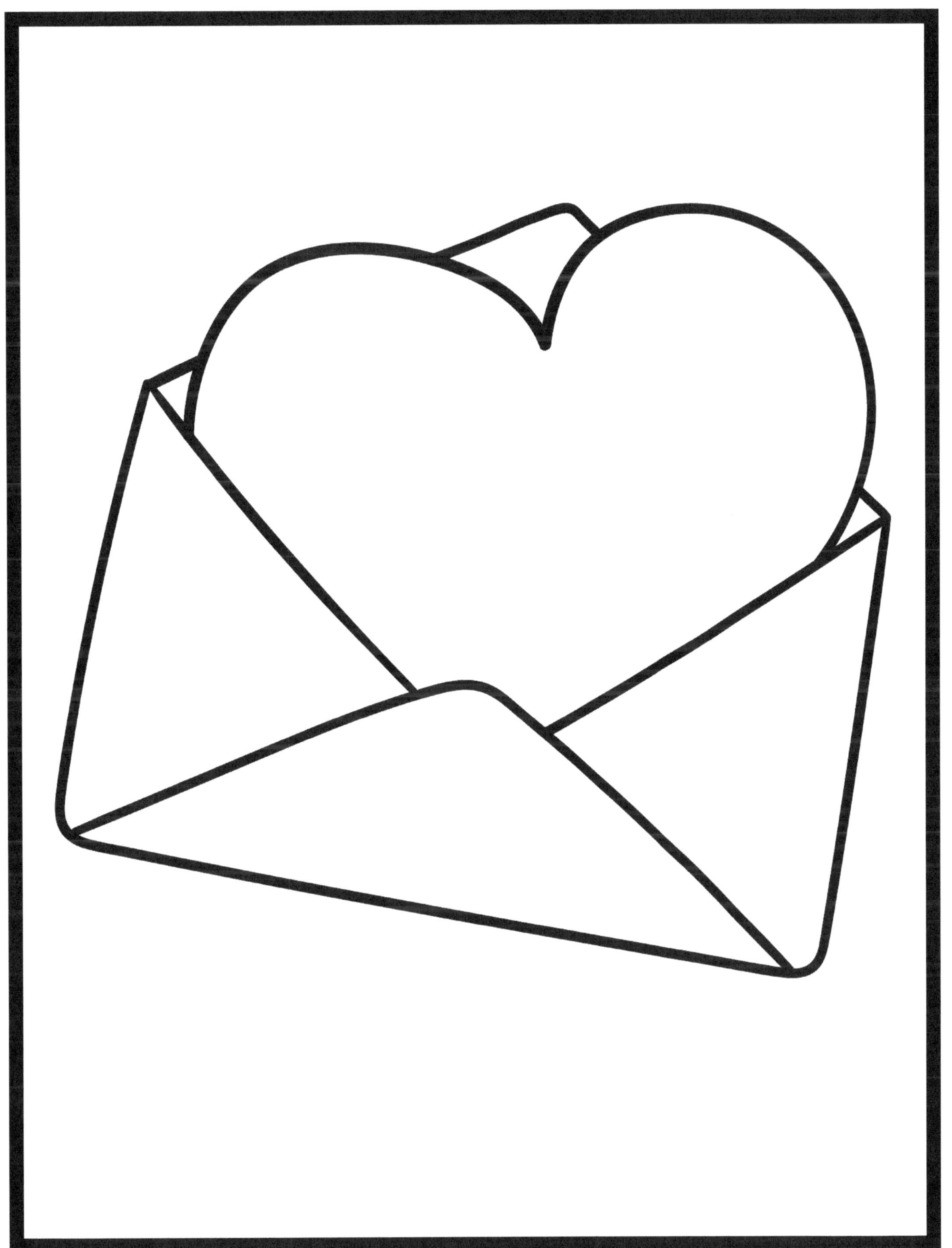

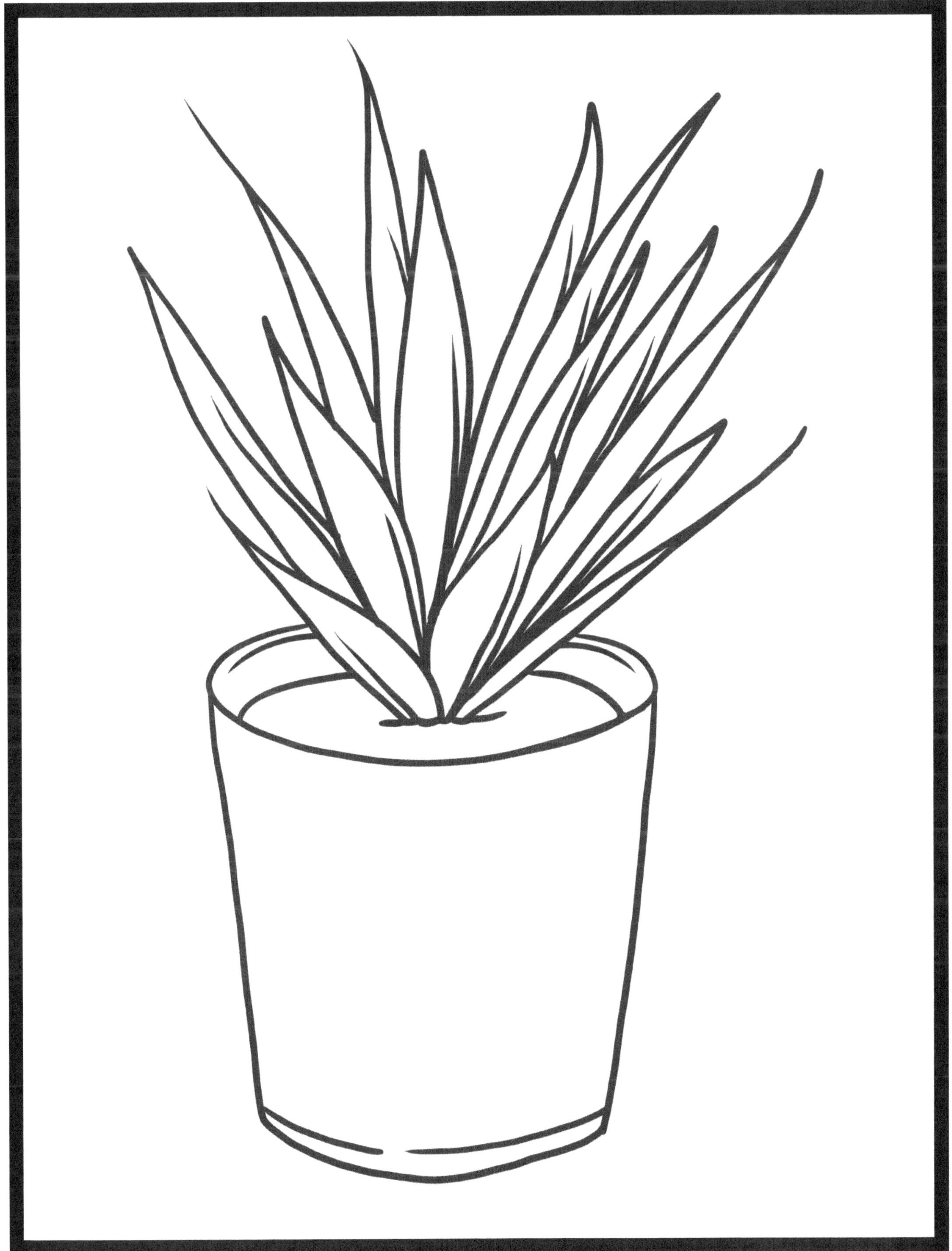

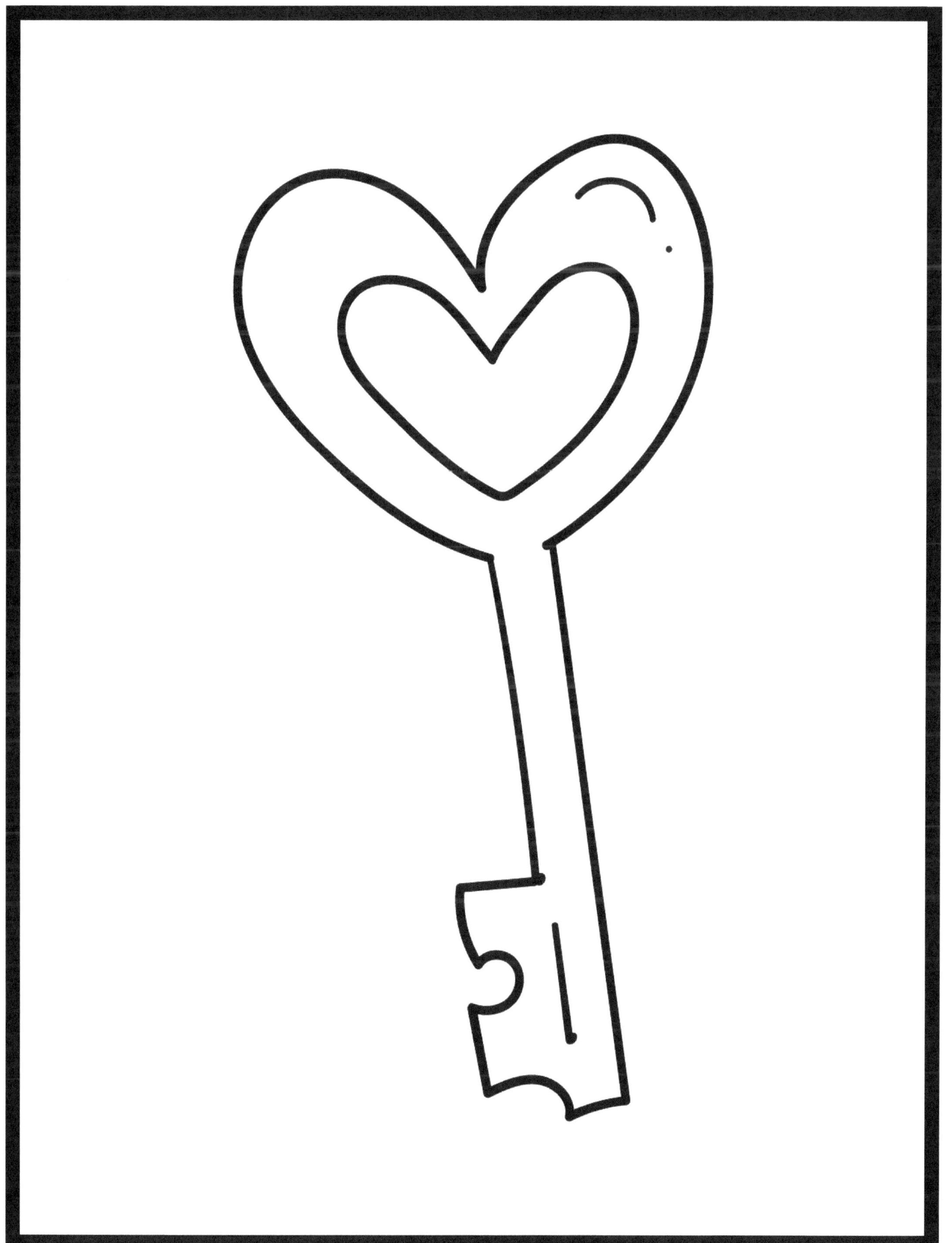

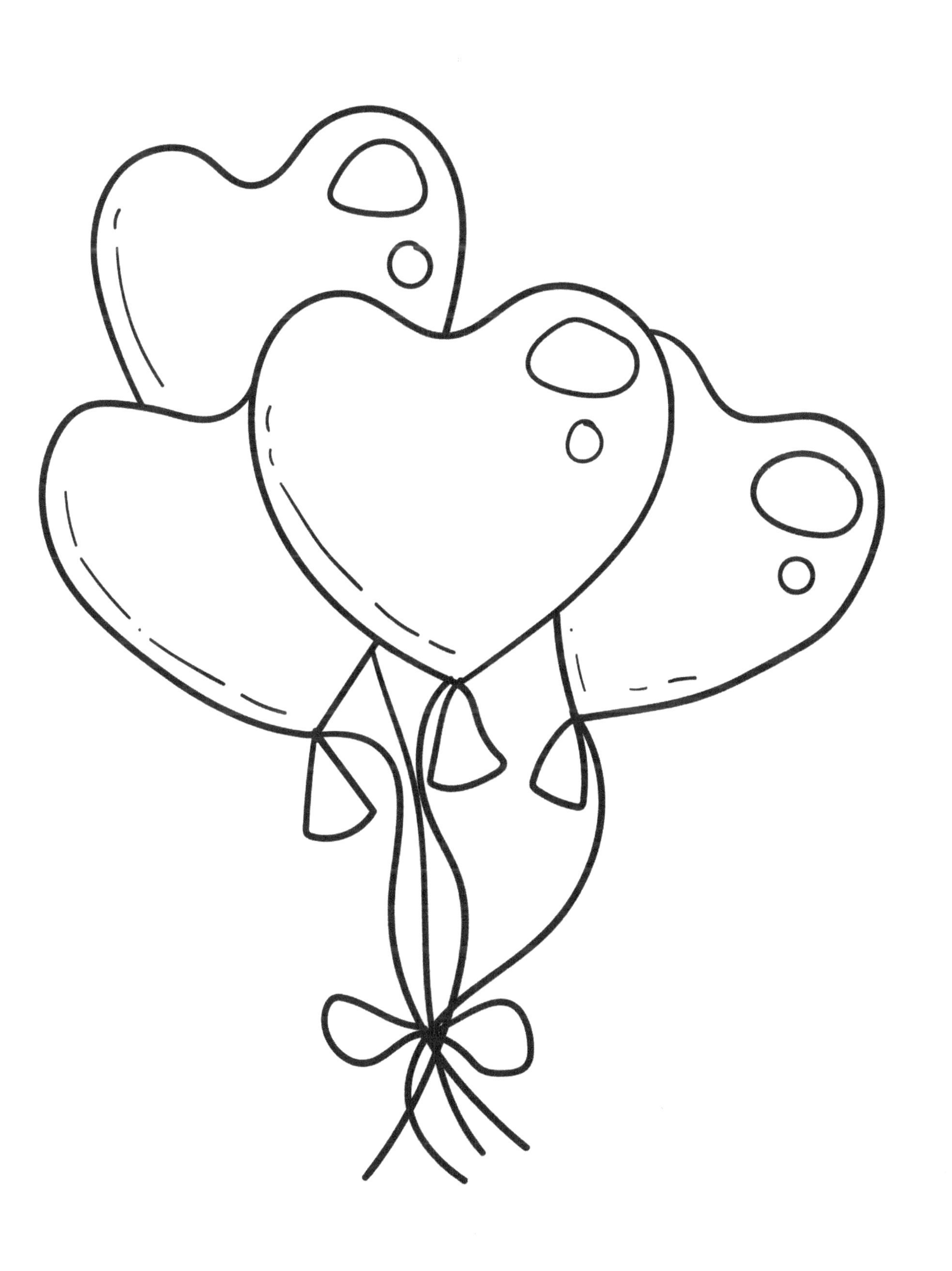

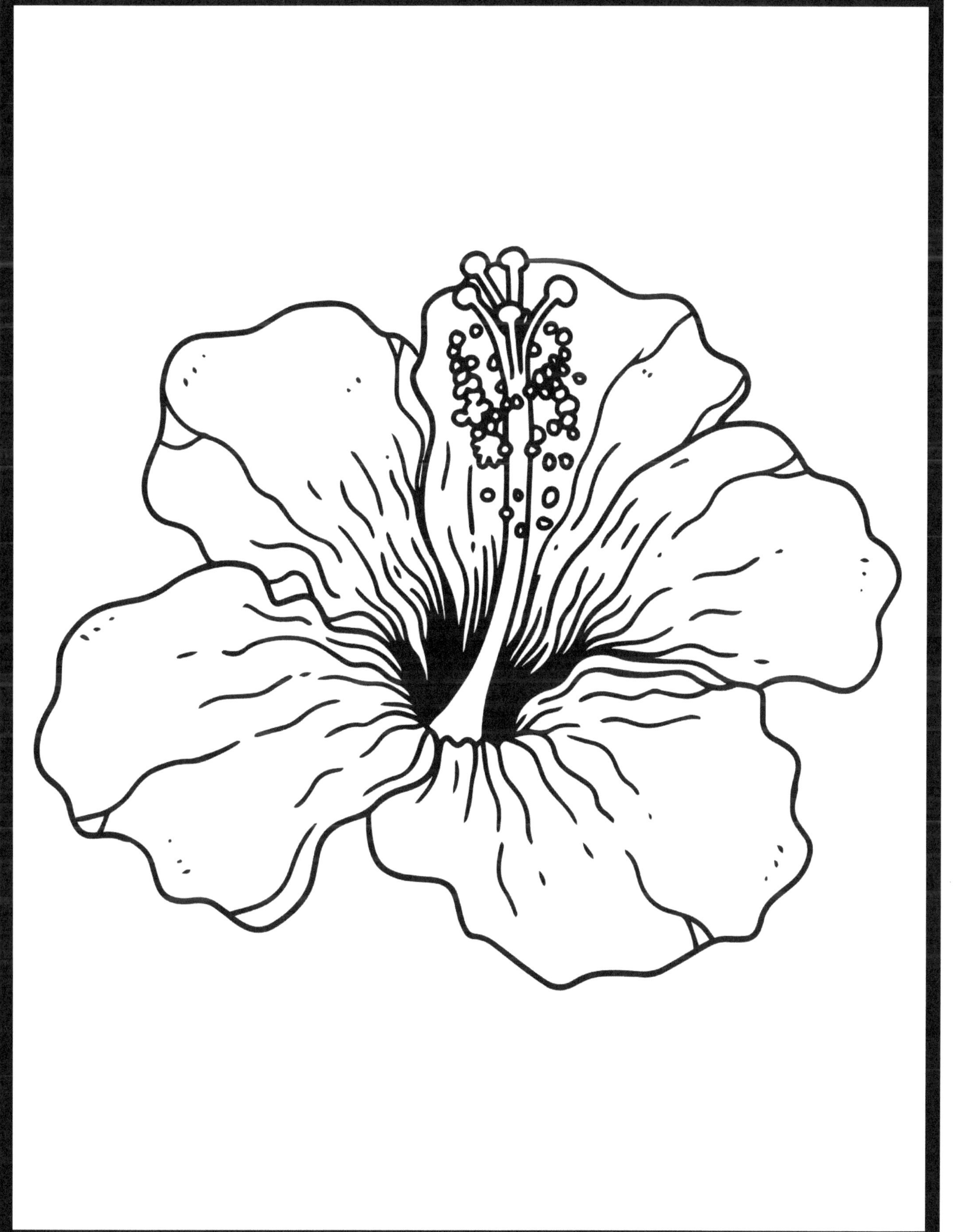

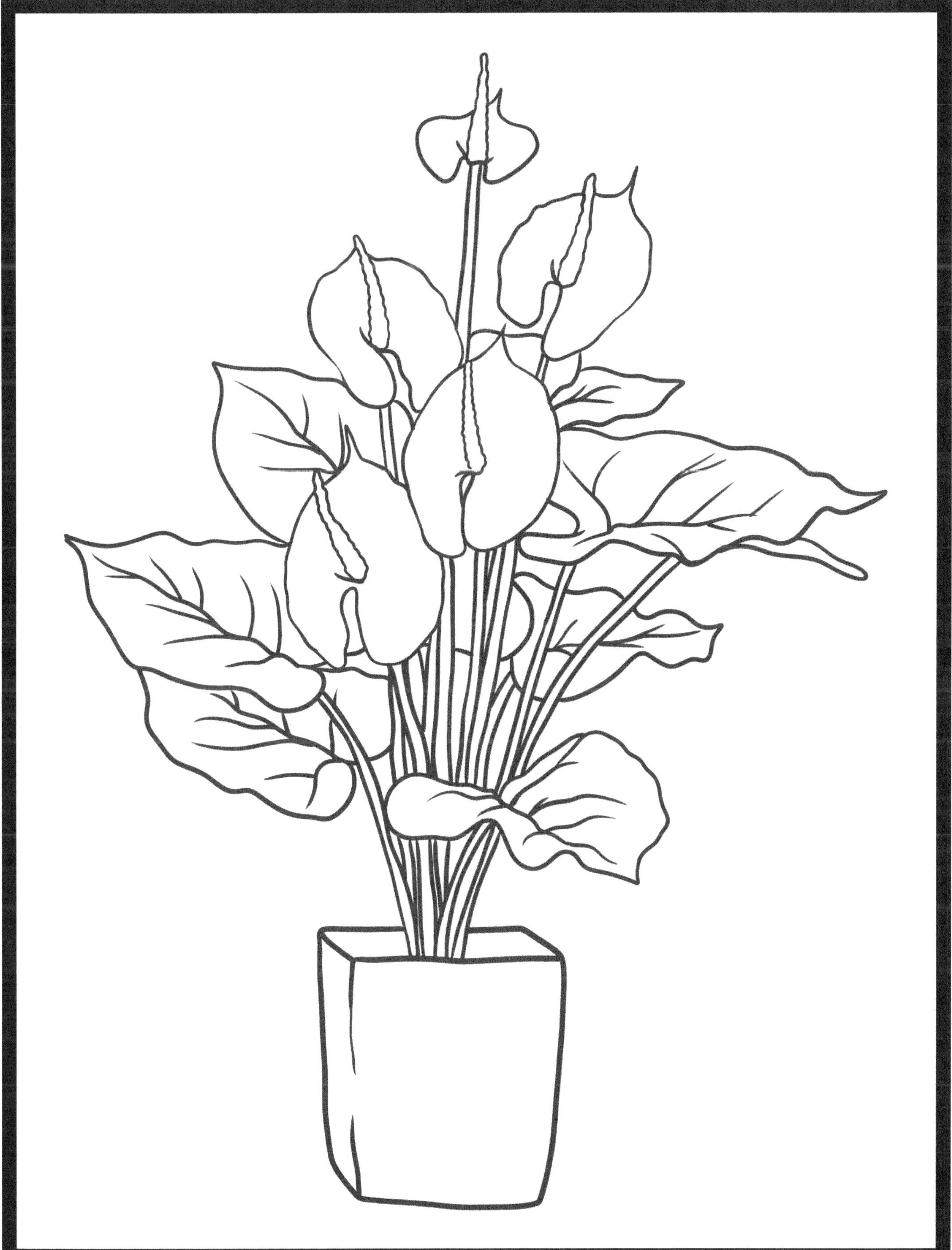

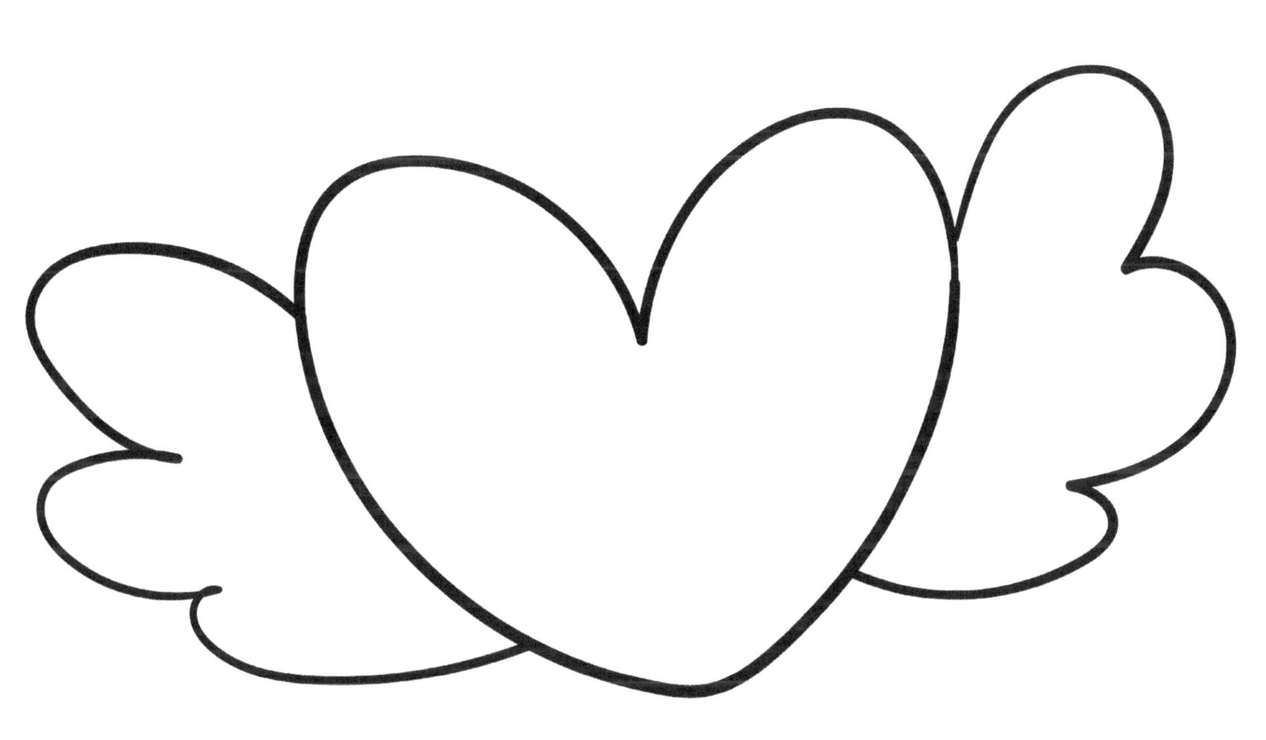

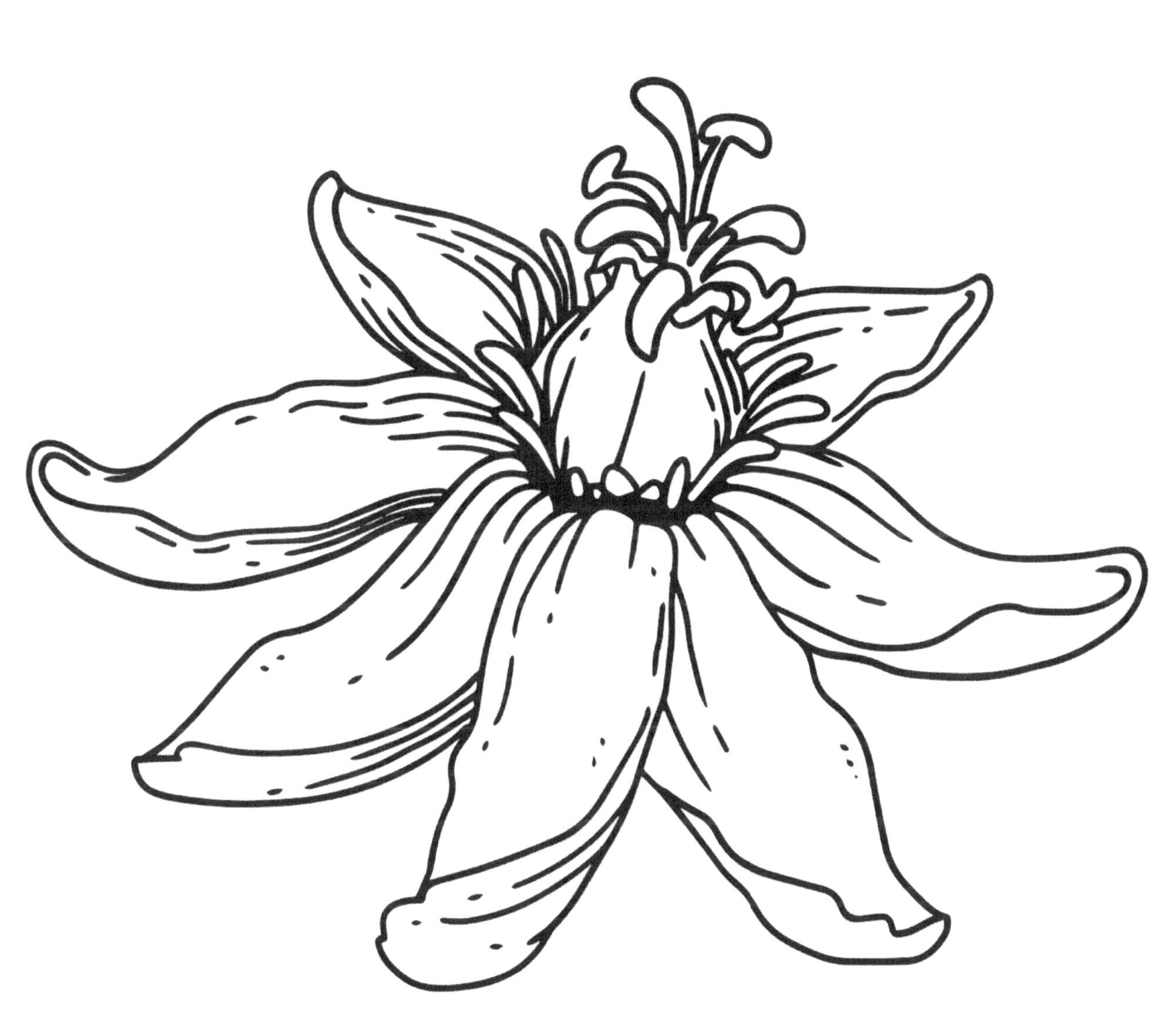

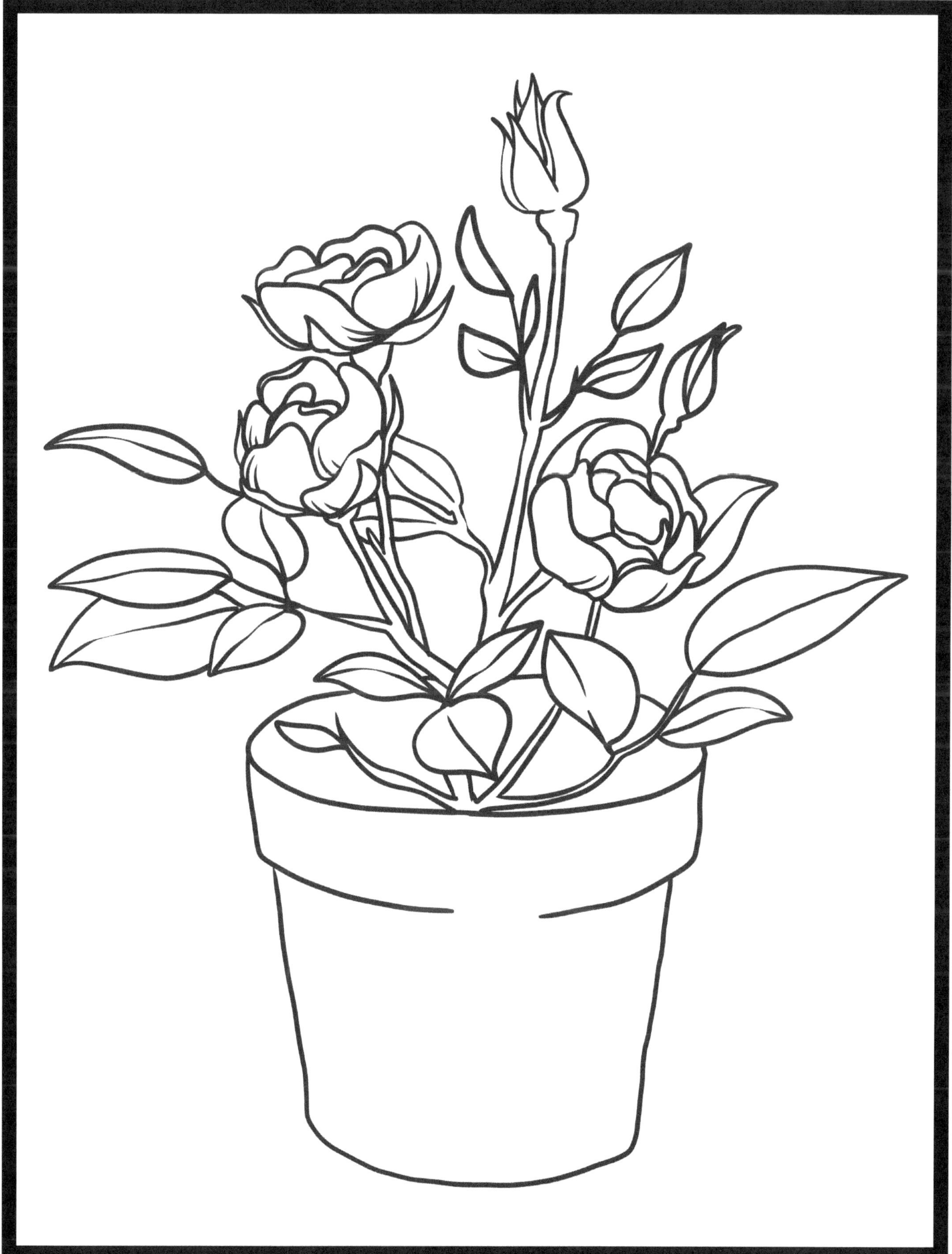

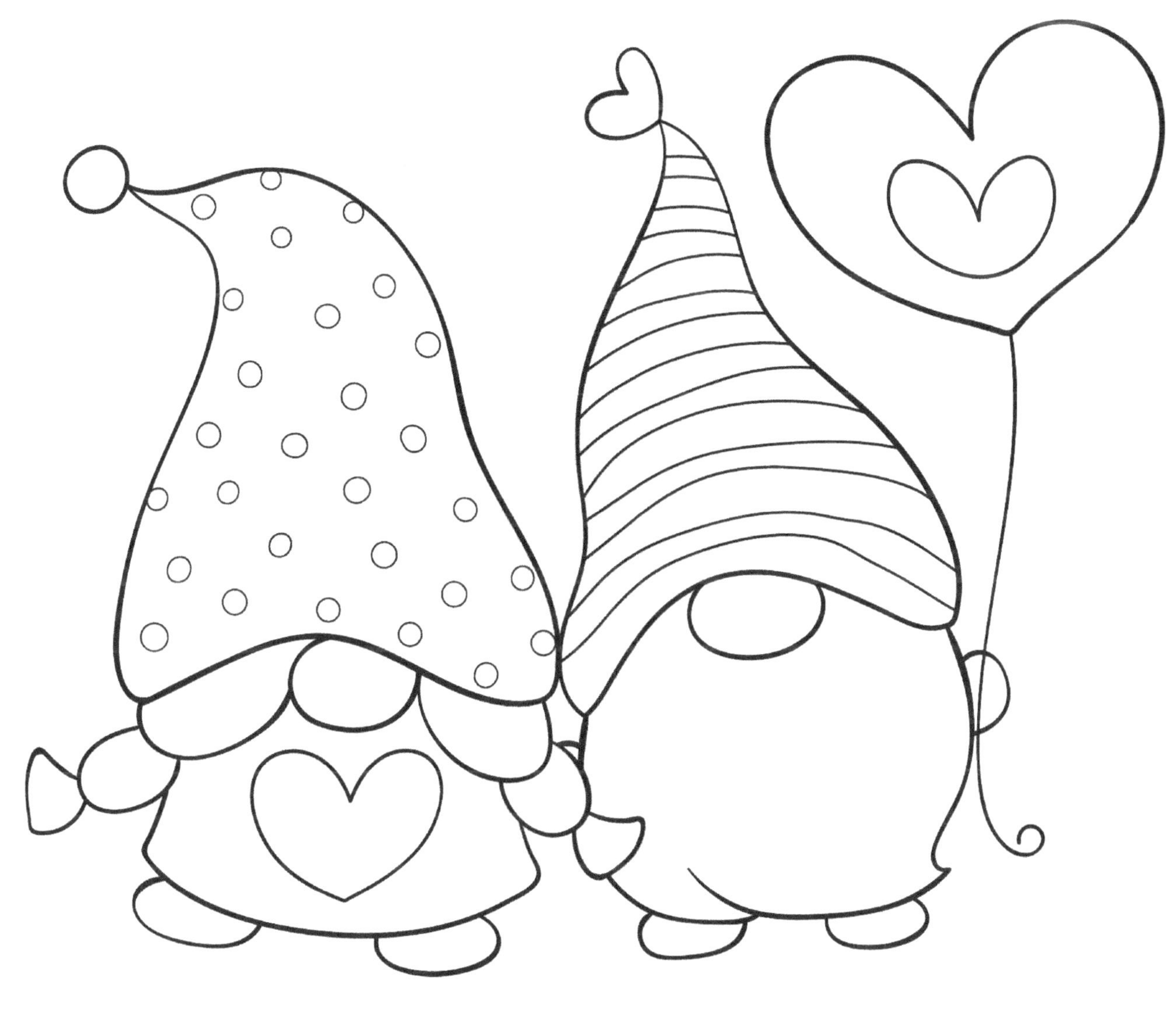

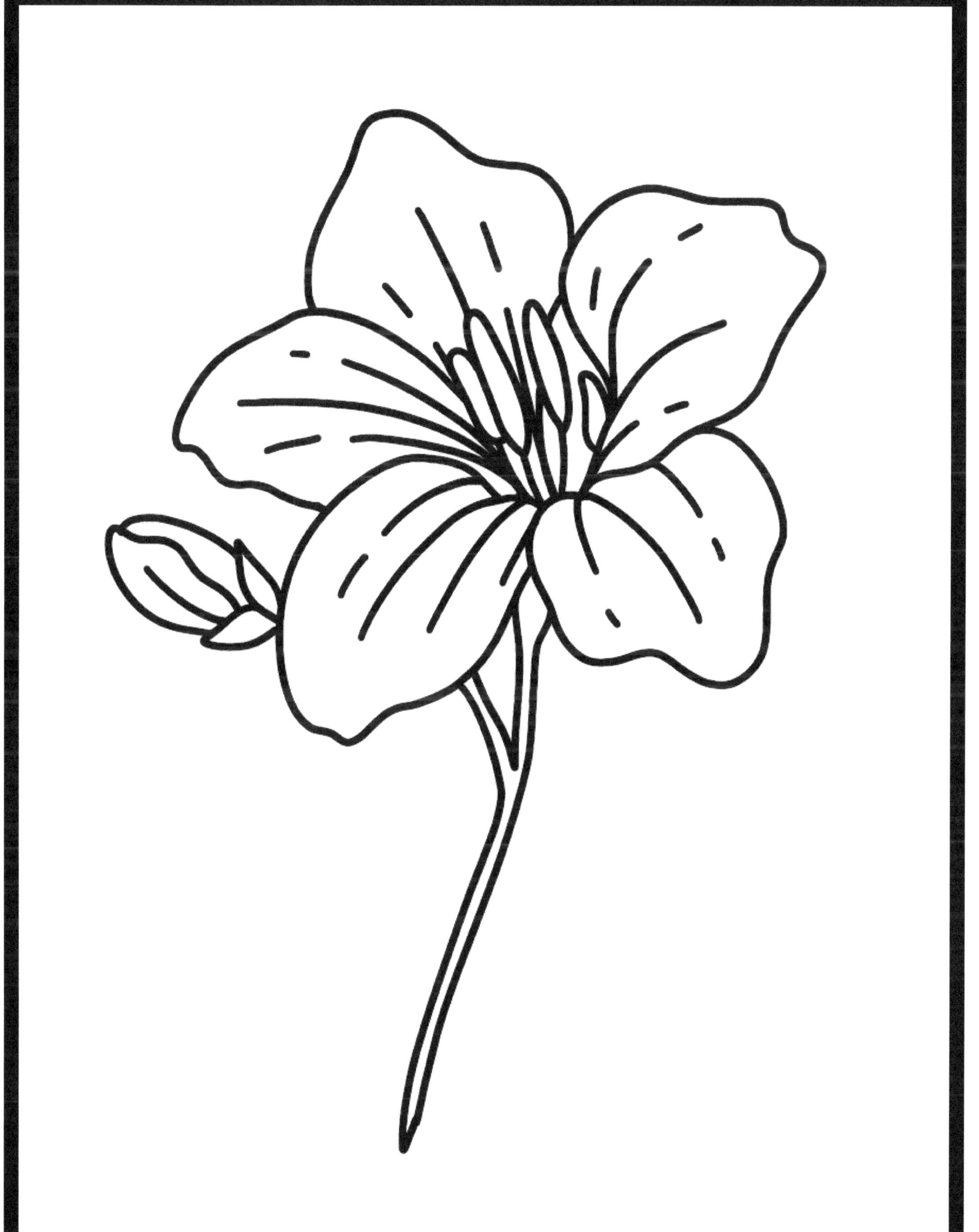

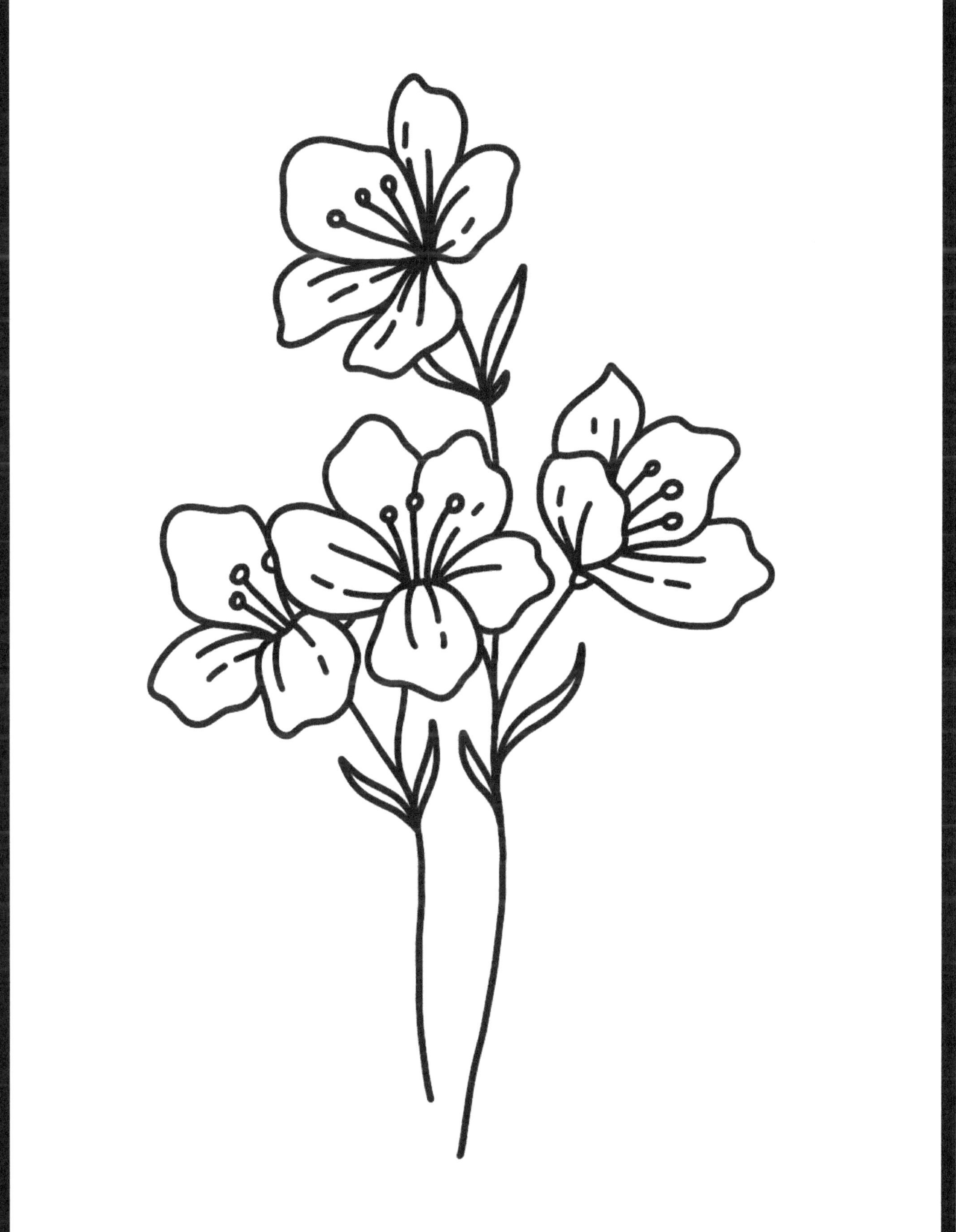

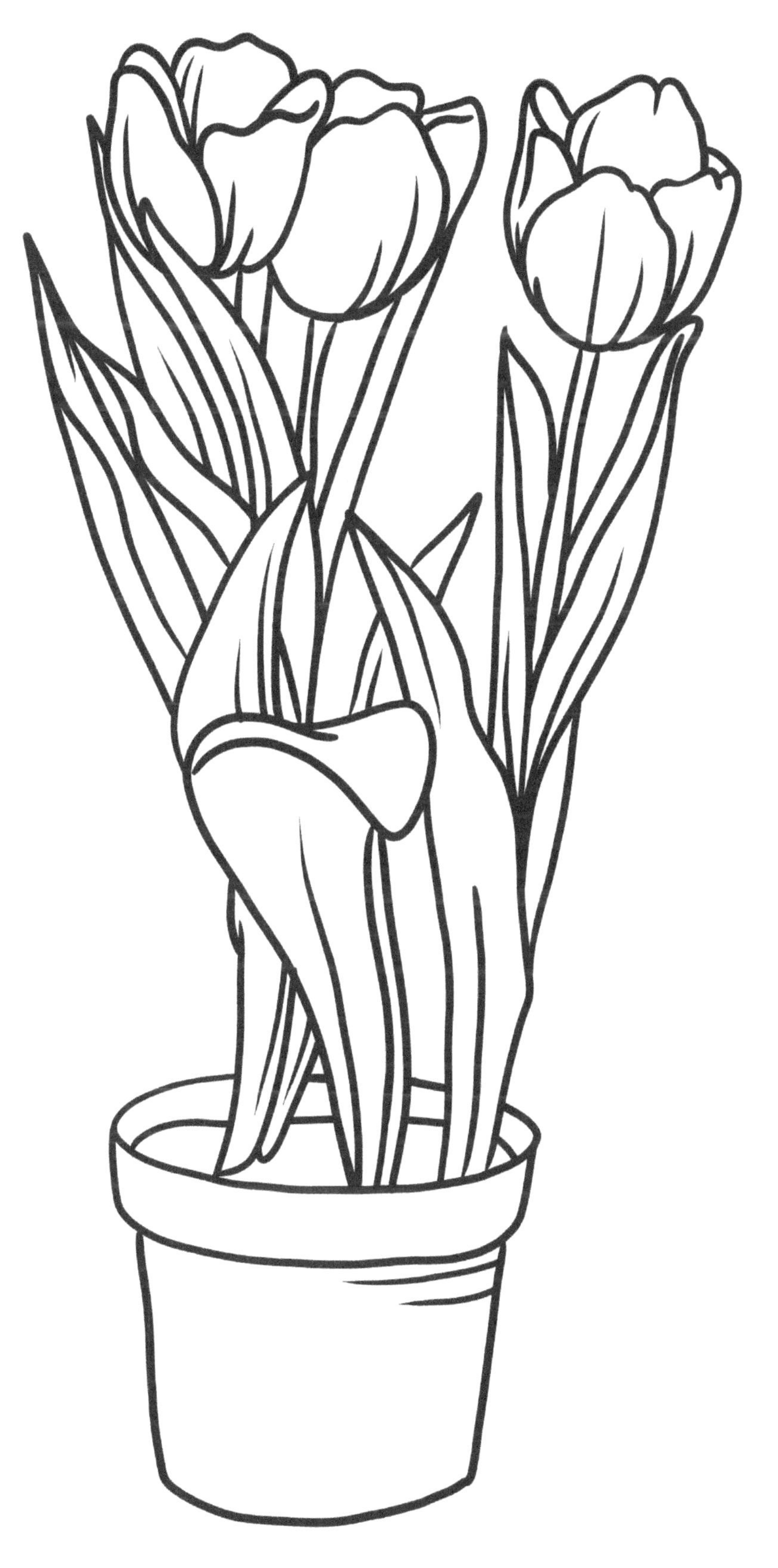

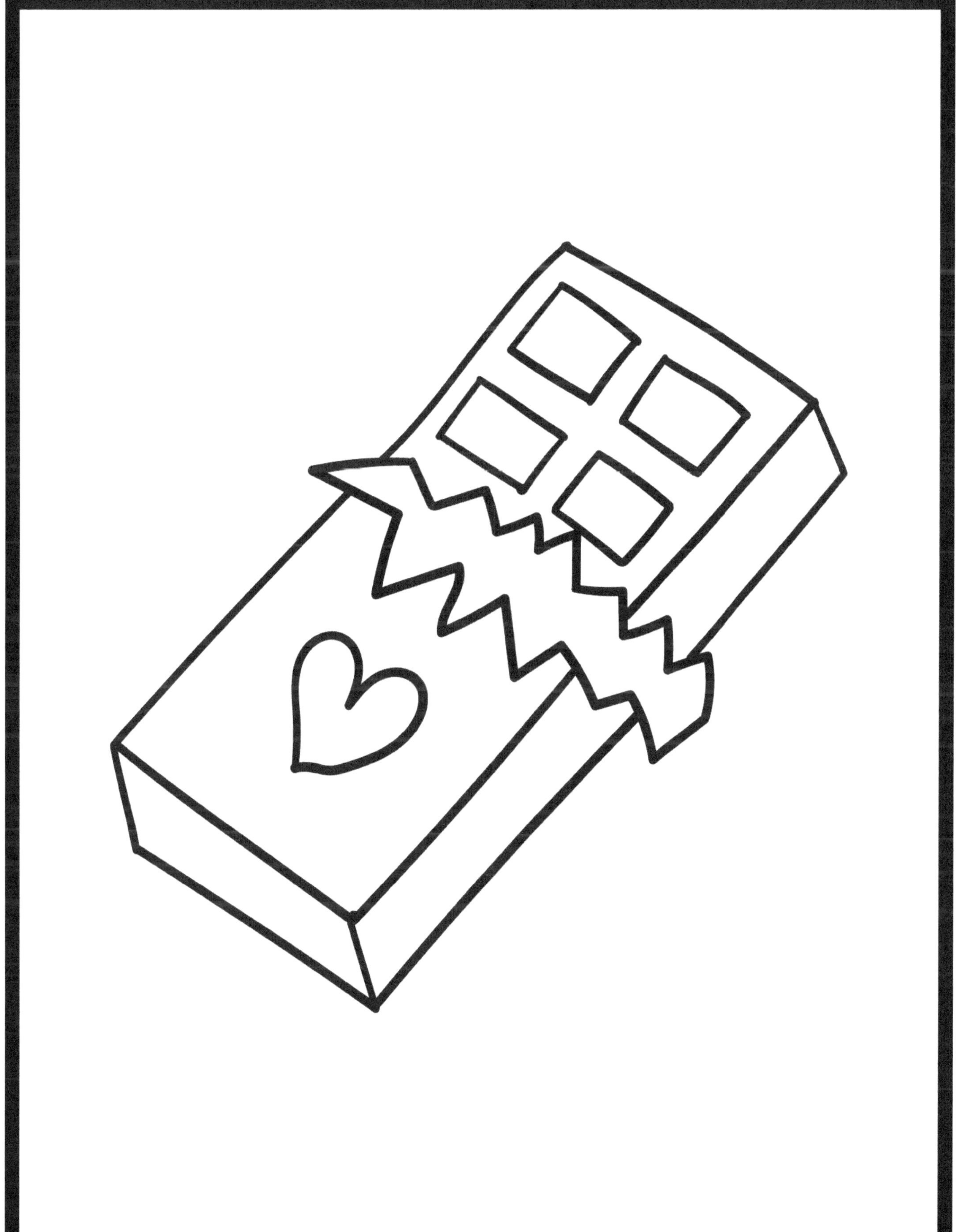

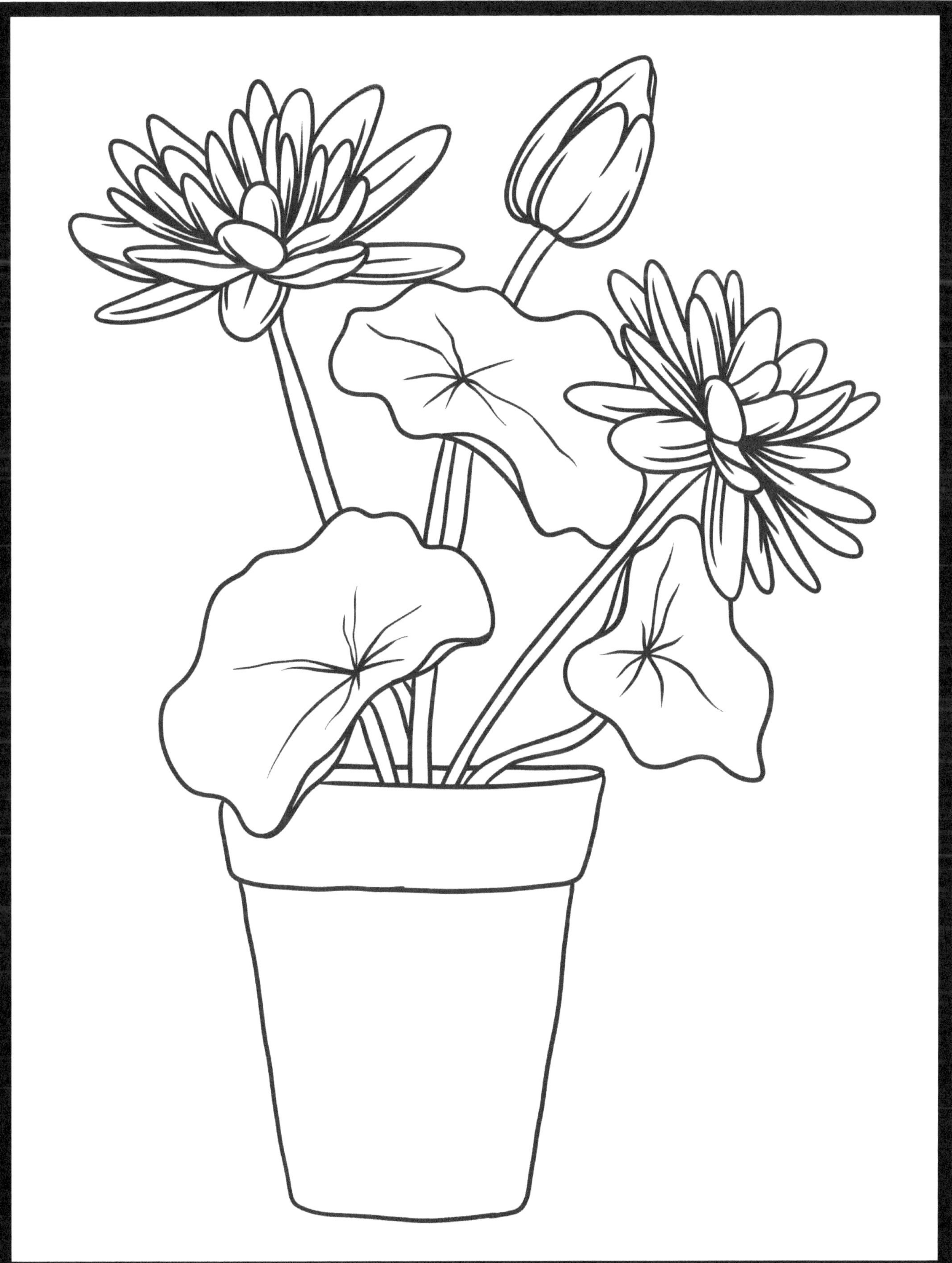

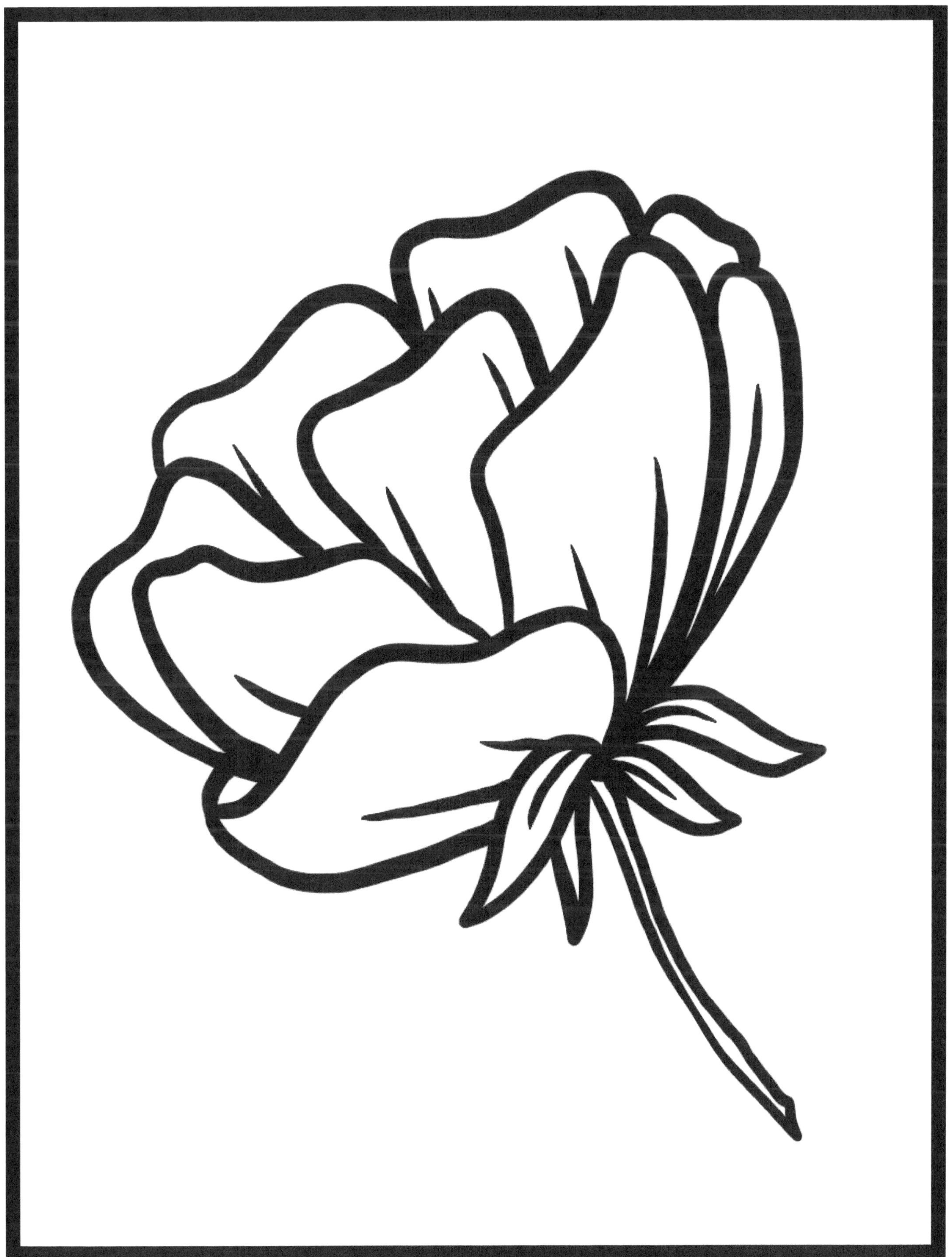

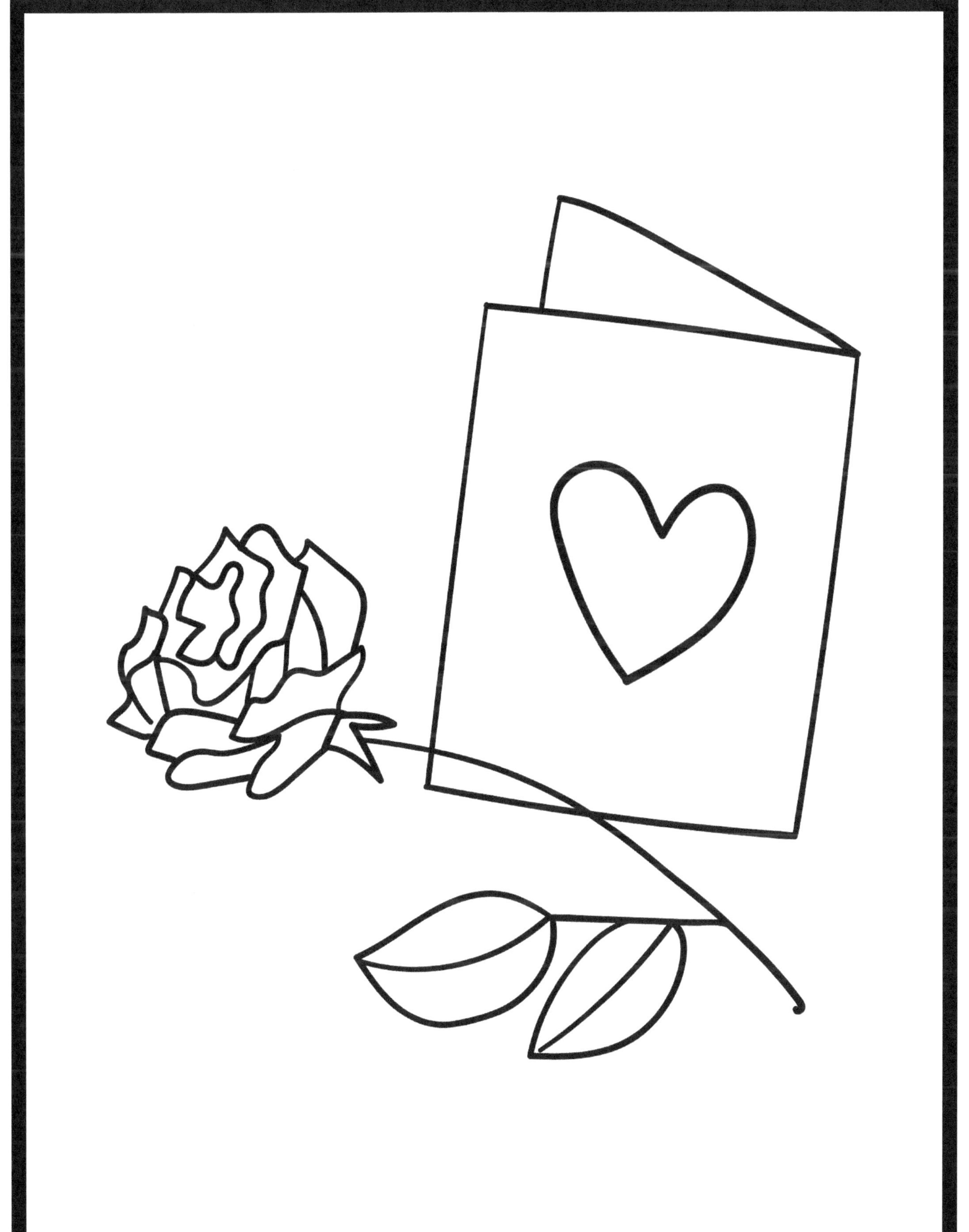

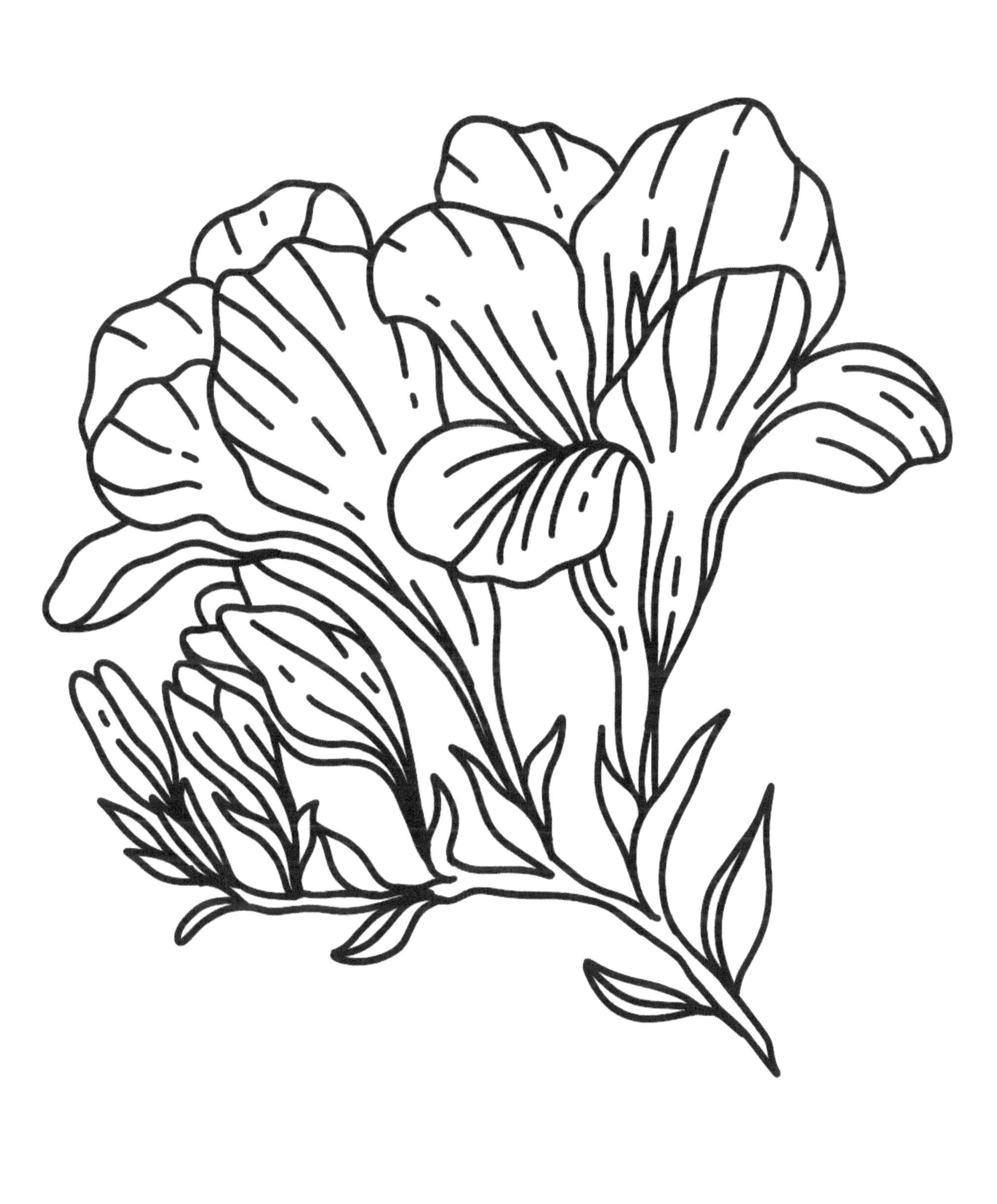

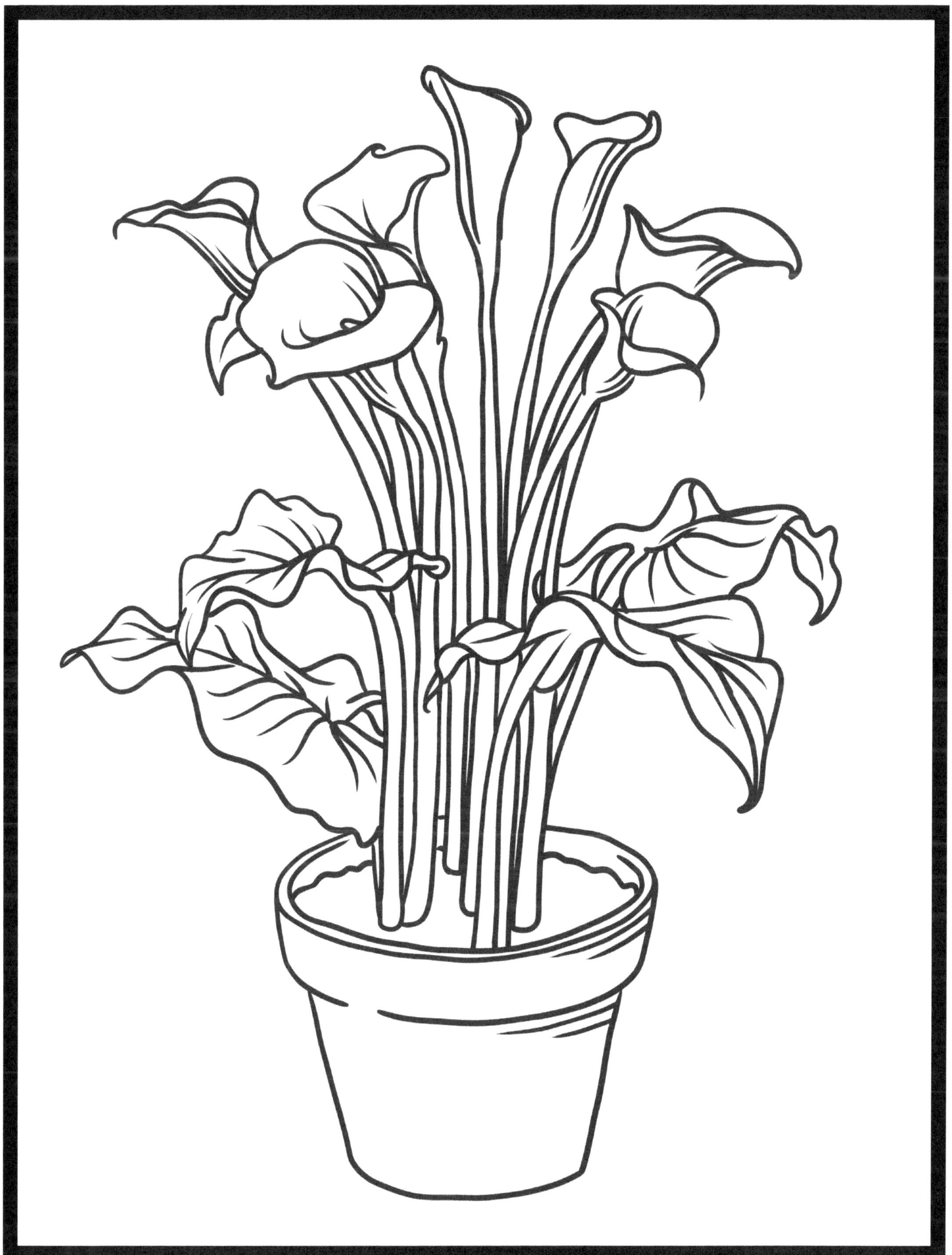

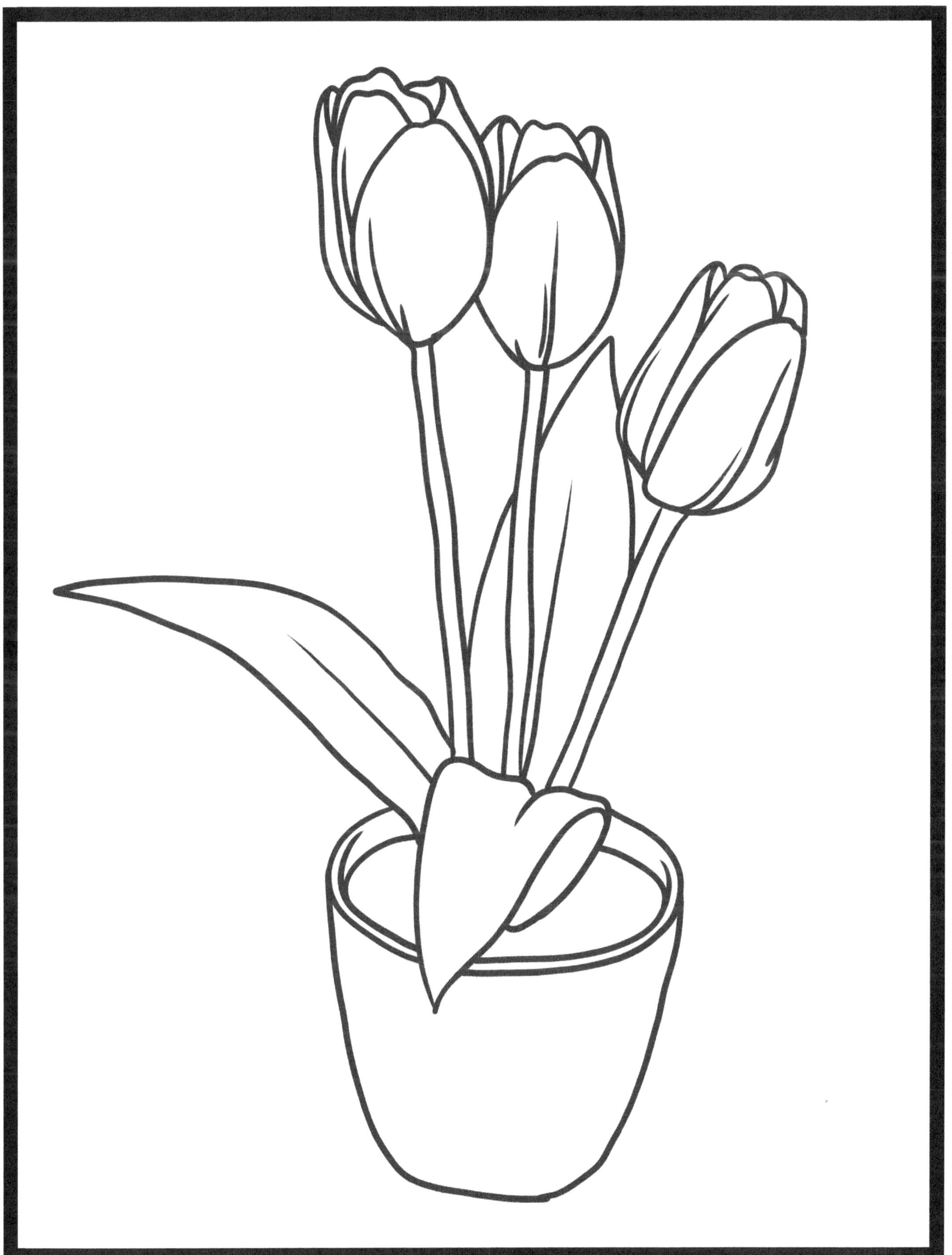

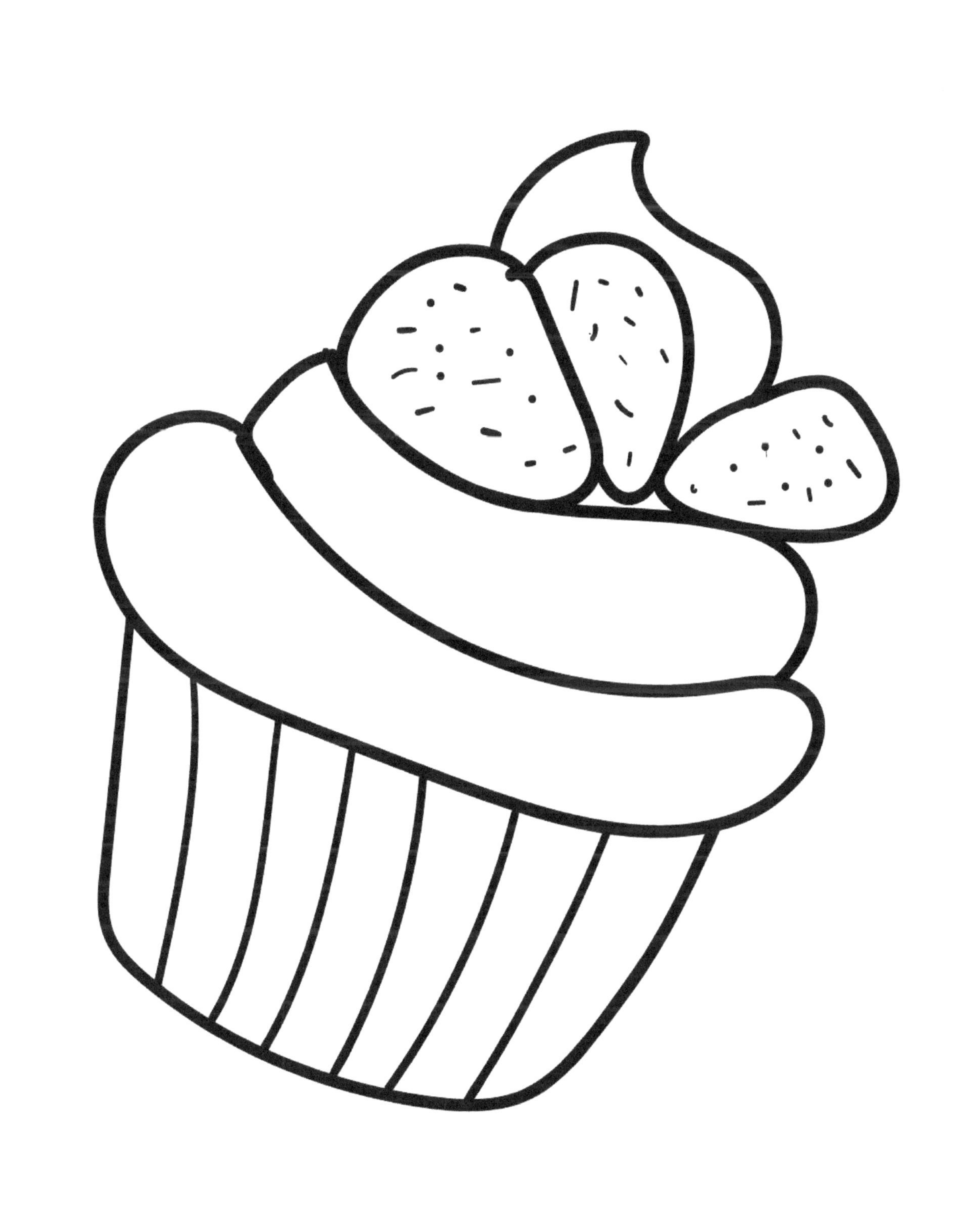

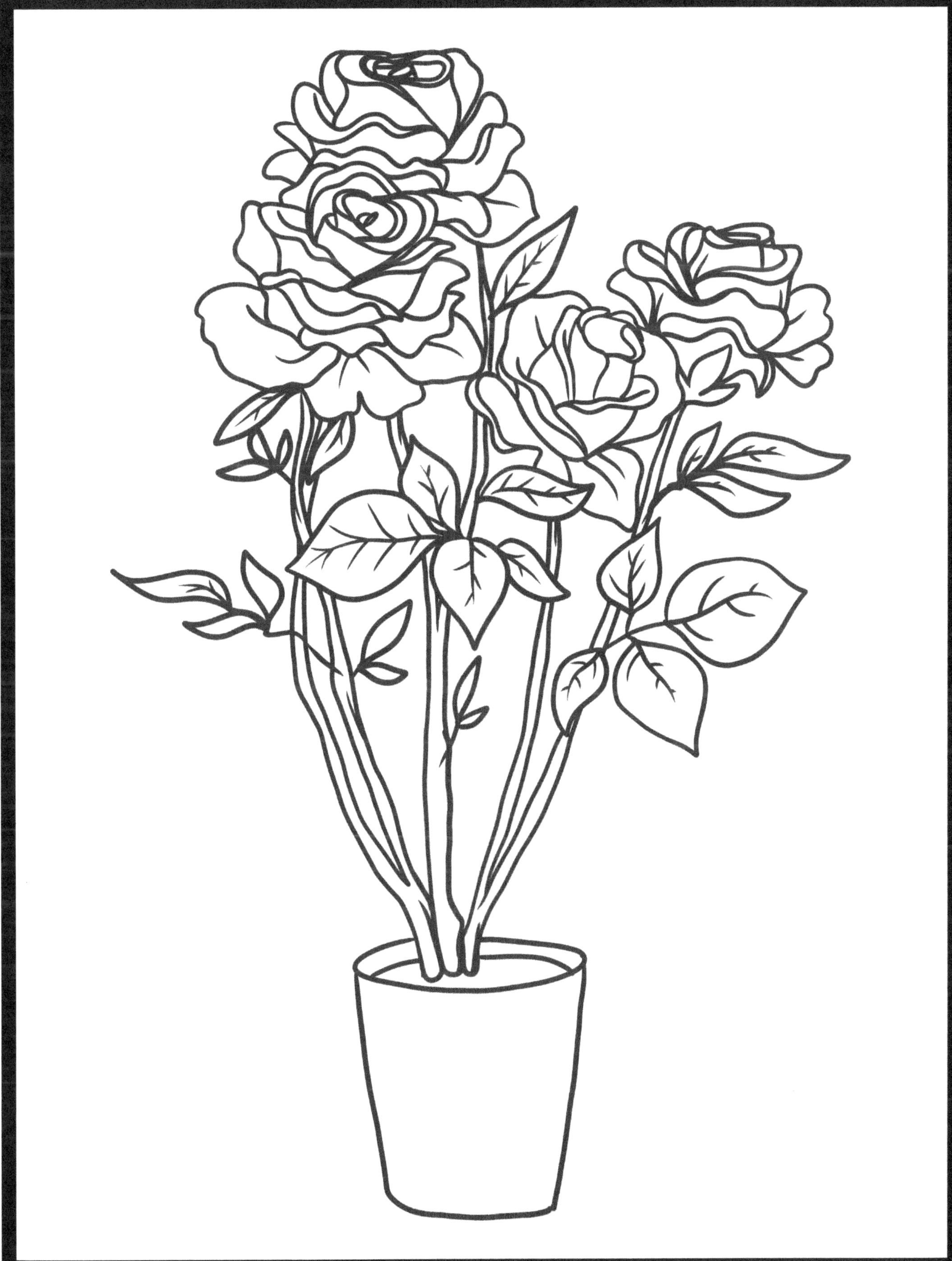

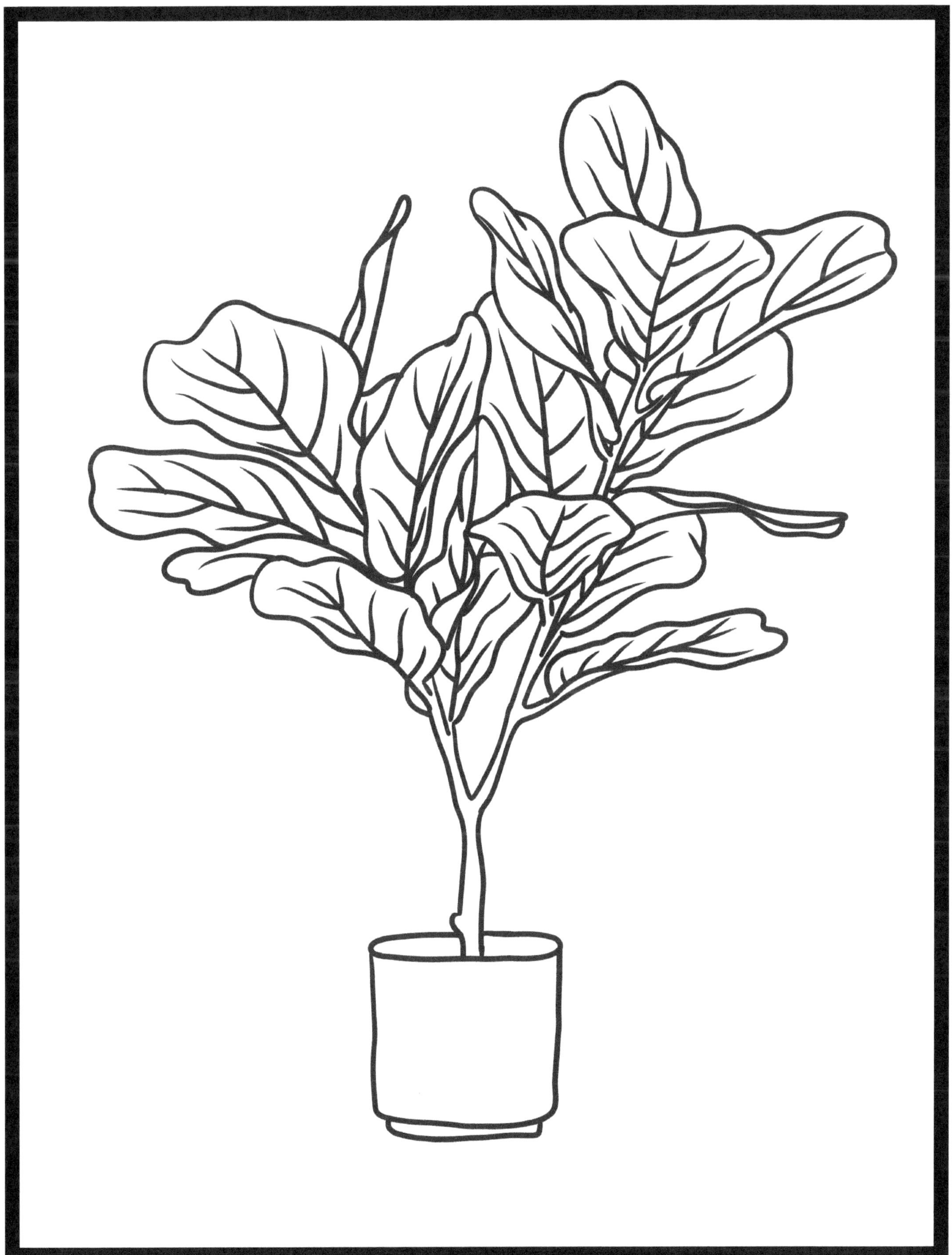

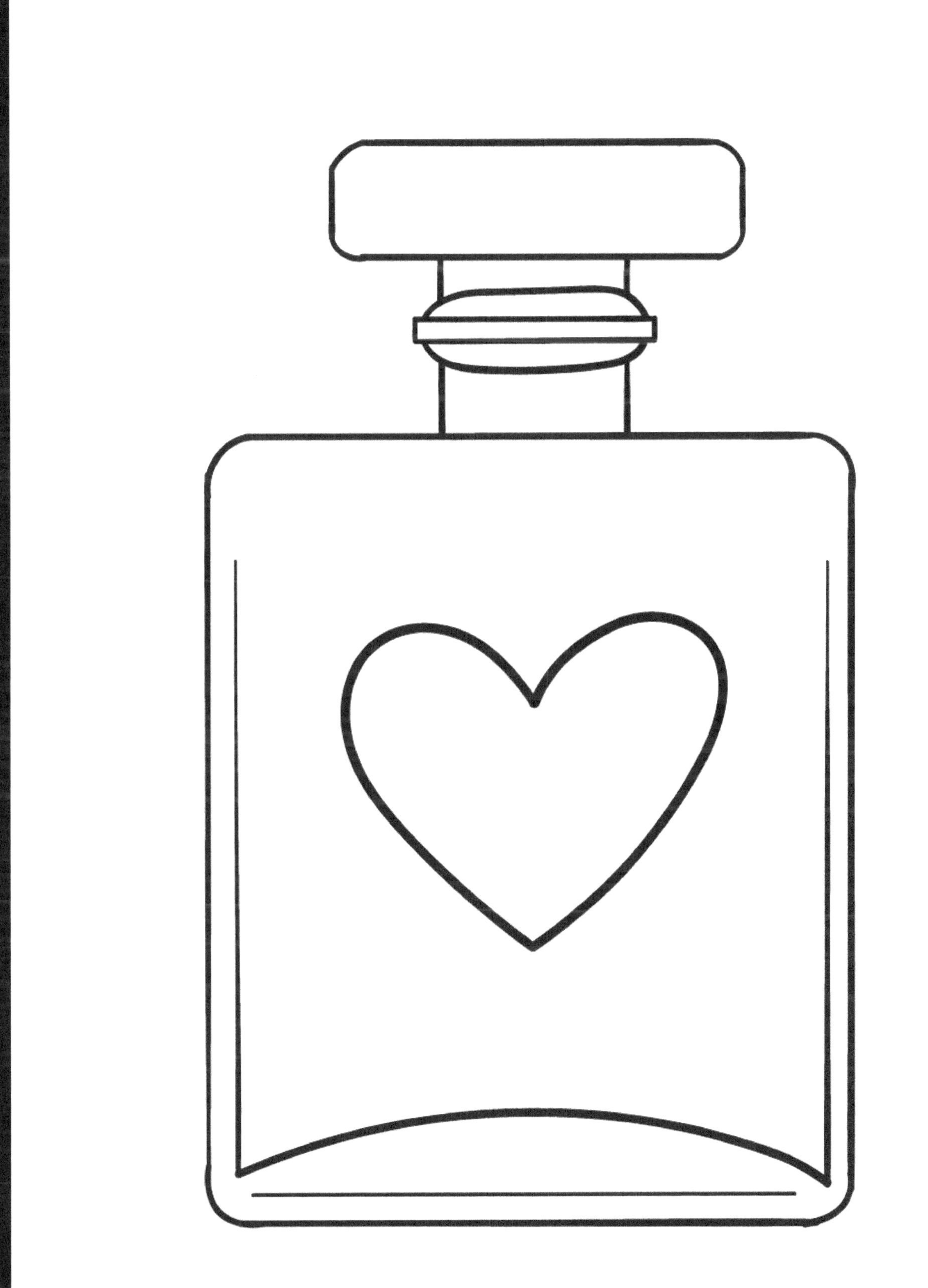

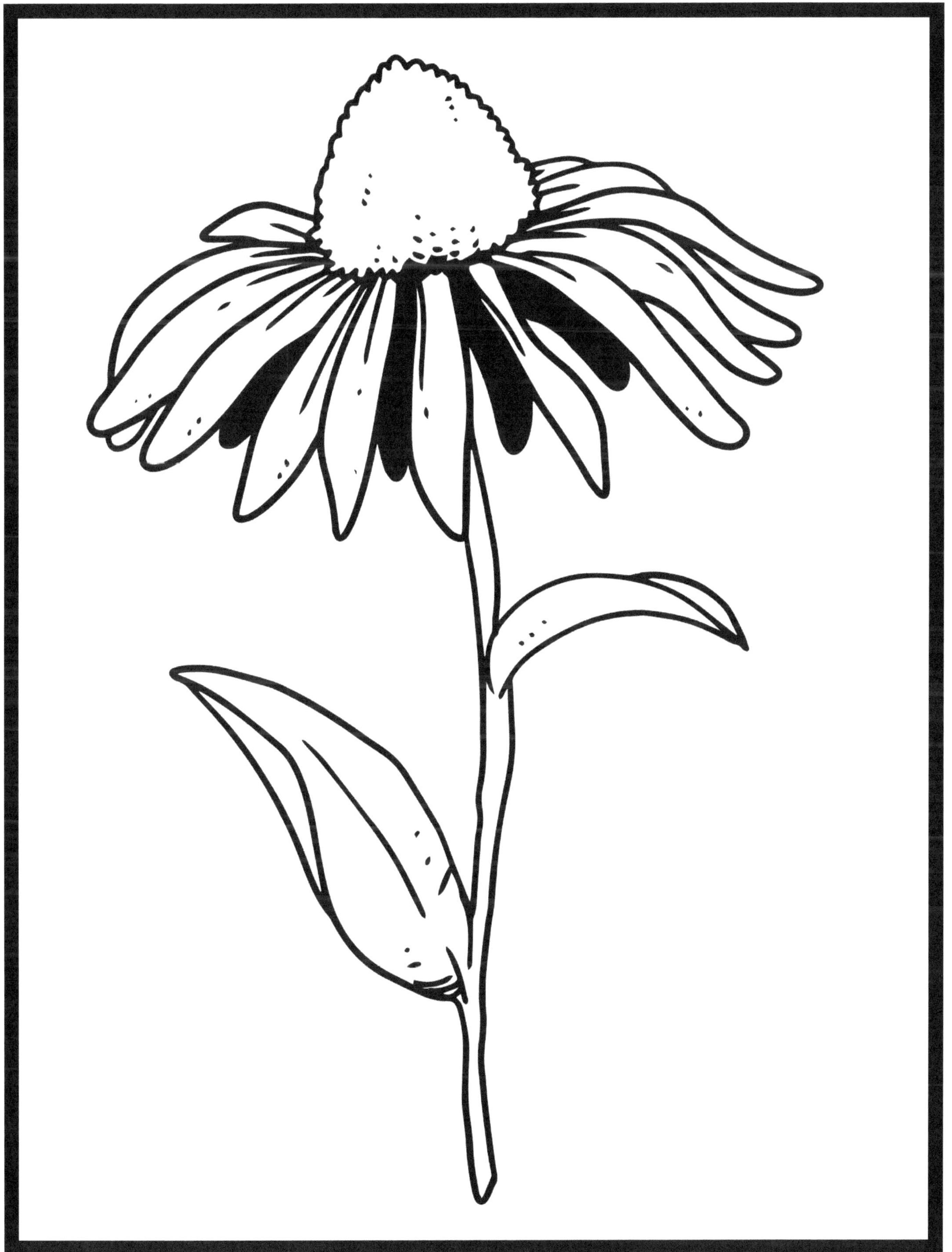

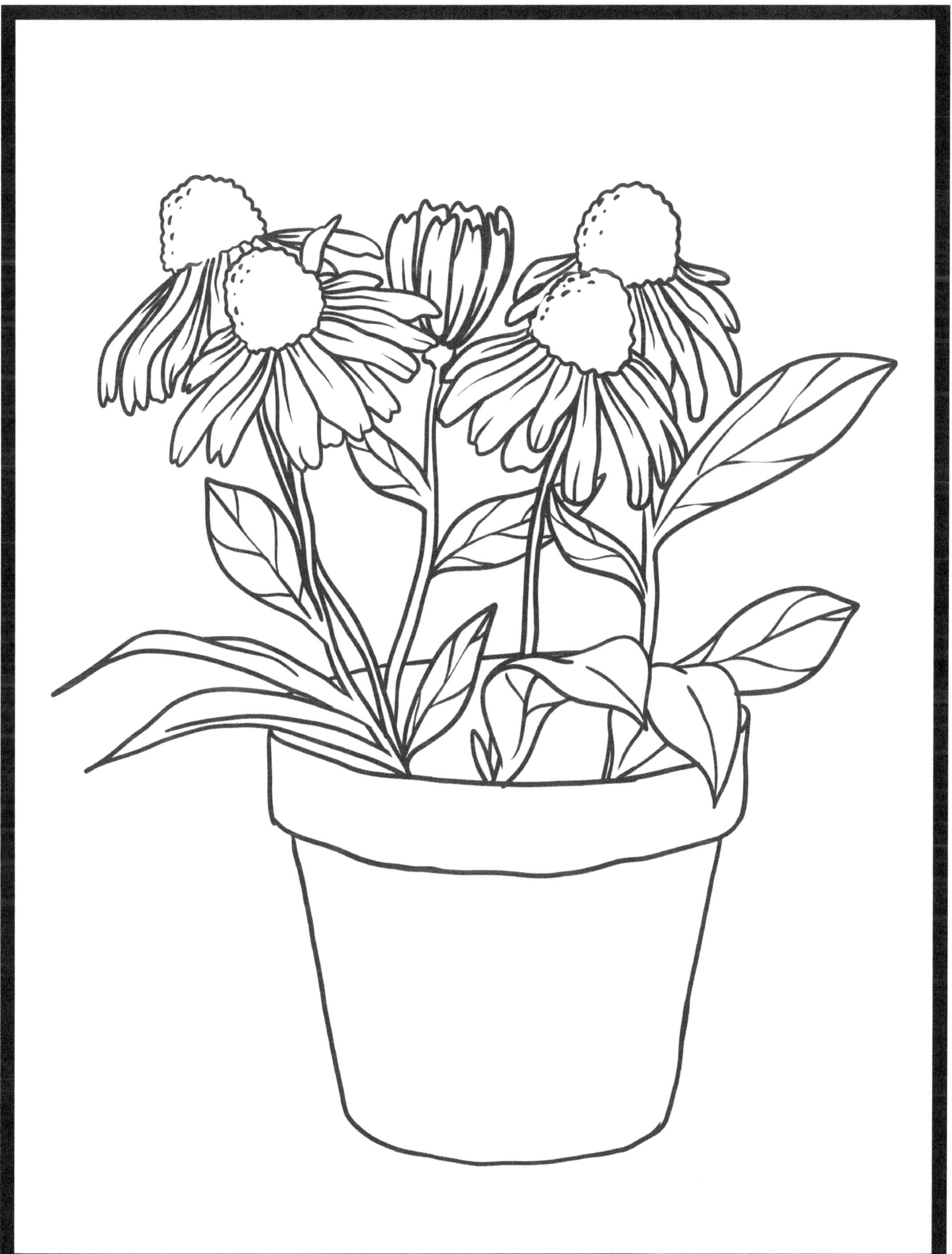

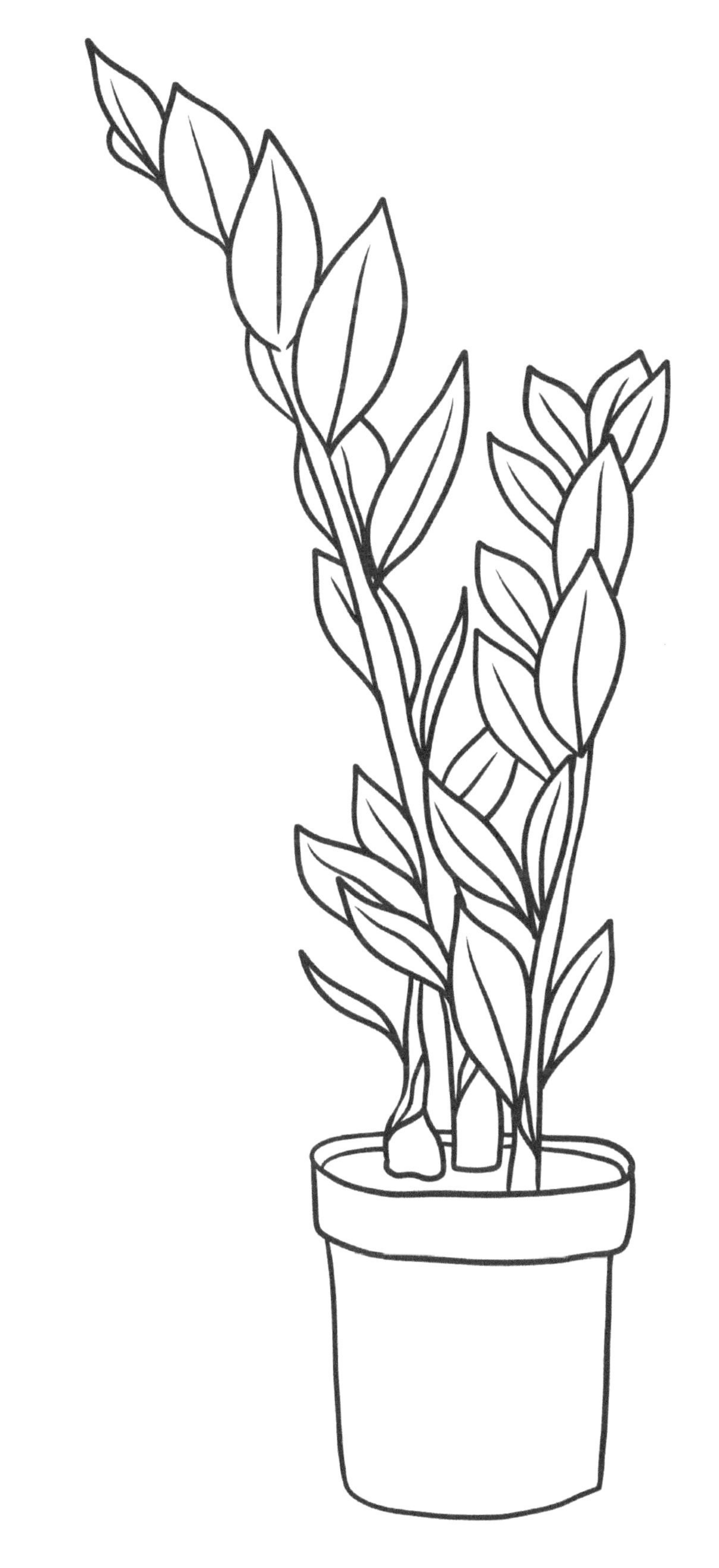